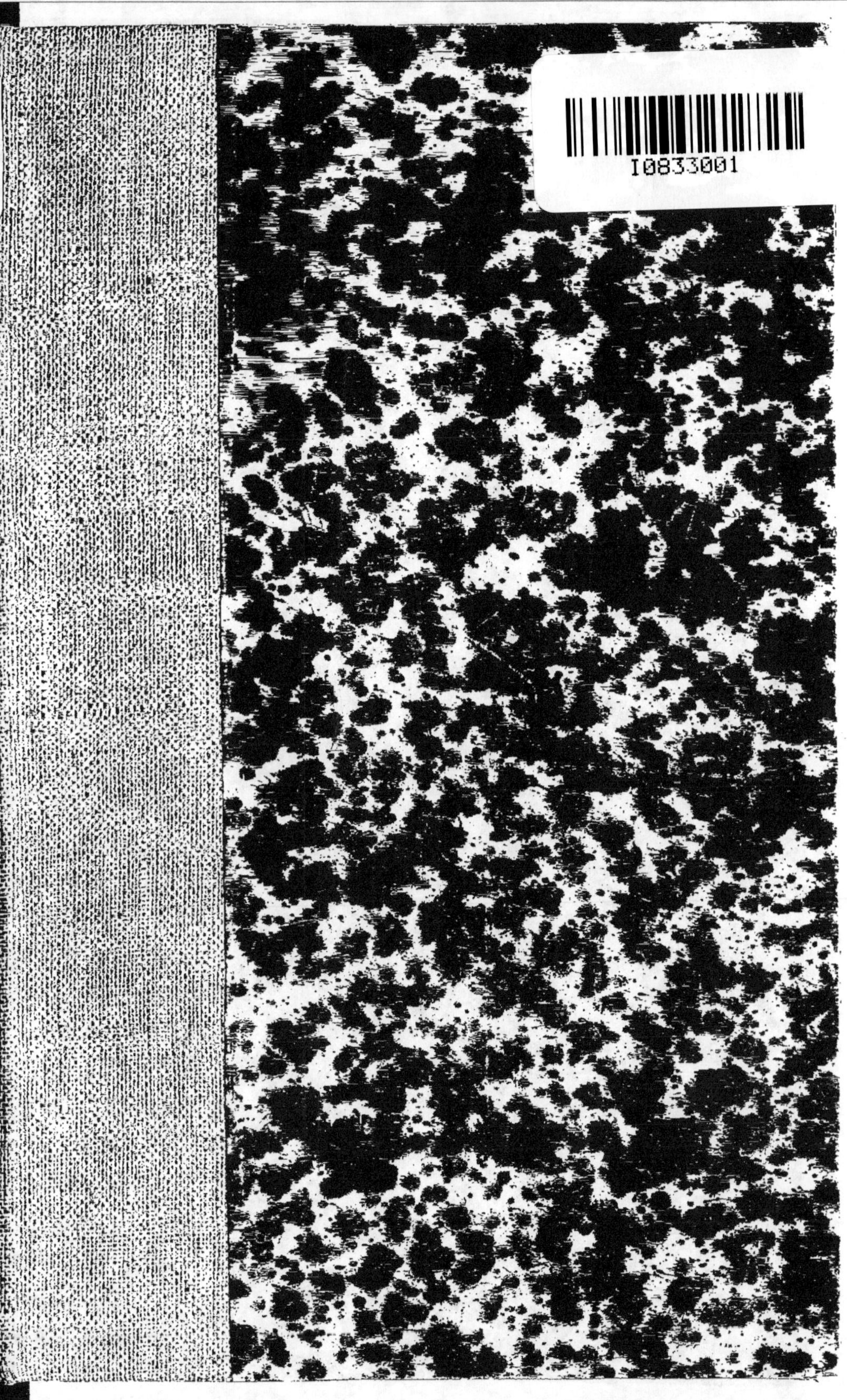

LE ROMAN DE LA ROSE,

Traduction libre et en vers;

PAR

ET. HUARD (de l'Ile Bourbon).

Et vous, femme jolie, ici je vous appelle:
Il faut mourir pour vous ou vous rester fidèle!

TOME PREMIER.

PARIS,
LOUIS ROSIER, ÉDITEUR,
Rue Guénégaud, n° 19 et 25.

1835.

Aux Dames.

Et vous, femme jolie, ici je vous appelle :
Il faut mourir pour vous ou vous rester fidèle !

COSSE, APPERT et BACQUENOIS,
Rue Christine, n. 2.

ERRATA.

Page 15 ligne 10, il fut marri bien marri, *lisez* il fut mari bien marri.

29, ligne 9, était toléré, *lisez* était permis.

44, ligne 10, ou la faux, *lisez* ou la faulx.

51, ligne 13, indispensable avec, *lisez* inséparable des.

65, ligne 10, le terrible démon, *lisez* ce terrible démon.

120, ligne 13, je veux être i. constant, *lisez* je veux être constant.

156, ligne 18, leurs buchers consume, *lisez* leur bucher consume.

194, ligne 10, il méprisait la vie, *lisez* et méprisant la vie.

Imprimerie de Bacquenois et compagnie, rue Christine, n. 2.

LE

ROMAN DE LA ROSE,

Traduction libre et en vers;

PAR

ET. HUARD (de l'Ile Bourbon).

> Et vous, femme jolie, ici je vous appelle :
> Il faut mourir pour vous ou vous rester fidèle !

TOME PREMIER.

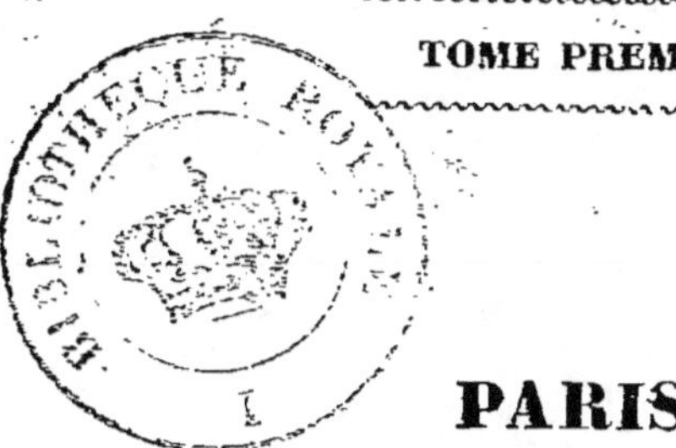

PARIS,
LOUIS ROSIER, ÉDITEUR,
Rue Guénégaud, n° 19 et 25.

1835.

A ma Mère.

Du fond de la tombe, ô ma Mère, reçois ce faible hommage! il me rappelle un si doux souvenir! lorsque la mort planait sur ta tête, tu souriais encore en écoutant mes faibles essais! oh! si jamais j'ai envié cette gloire, qu'en mère indulgente tu me prédisais, c'est aujourd'hui! je voudrais voir mon ouvrage propagé dans l'univers, pour que l'univers pût connaître tes douces et simples vertus, et pour qu'il pût verser quelques larmes au souvenir de la meilleure et de la plus tendre des Mères! Du haut des cieux, veille sur ton époux, sur tes enfans! comme l'ange radieux, étends ta lumière sur nous!.. O ma mère! que ne puis-je t'offrir un ouvrage digne de toi, mais reçois ce faible essai, ton nom et mes pleurs intéresseront, si l'ouvrage ne pouvait plaire!

Ton Fils désolé,

HUARD (de l'Ile-Bourbon.)

PRÉFACE.

La traduction que nous offrons n'est point le mot à mot du texte roman; c'est, comme nous l'avons dit par le titre de l'ouvrage, une traduction libre; nous n'avons puisé dans l'original que les pensées, que nous avons dépouillées de la haire et de la heuse pour les vêtir de l'habit français; par là, en conservant l'idée primitive, on trouvera les pensées, tantôt anacréontiques, homériennes, virgiliennes ou gauloises du moyen âge, dans le goût du siècle où nous vivons.

Le texte charmant du Roman de la Rose perd souvent à la traduction, car beaucoup de passages sont admirés par l'élégance et par l'assemblage de ces petites phrases extrêmement gracieuses, mais qui, traduites, sont vides de sens; c'est pourquoi pourrait-on appeler notre ouvrage imitation plutôt que traduction, si l'on voulait prendre ce dernier mot dans toute la sévérité de son acception.

La versification du texte original est si particulière, que nous pourrions en donner quelques détails sans devenir fastidieux : tous les vers sont composés de huit pieds; le repos se trouve placé irrégulièrement, après le troisième, quatrième, cinquième ou sixième pied; les rimes sont très riches, car les mots sont composés et formés pour elles; elles vont deux à deux, et les rimes masculines et féminines ne sont pas observées : on trouve souvent douze ou quinze vers d'un même genre à la suite les uns des autres; enfin, pour faire voir cette versification bizarre, nous rapporterons ici un passage pris au hasard :

Comment l'amant sans plus attendre
Veult à amours sa leçon rendre.
Dy-les ; voulentiers : vilenye
Doy fouyr : et qui me medie ;
Solus doys tort donner et rendre :
A dire ordun ne doy tendre ;
A toutes femmes honnourer
Me fault en tous temps labourer :
Orgueil fouyr; cointe me tiegne
Joly et resjouy devienne ;
A larges estre m'abandonne ;
En ung seul lieu tout mon cœur donne.

Comme on le voit par cette citation, ces vers sont légers, élégants, et n'ont point cette monotonie qui tue la poésie moderne, où les règles assujétissantes ne laissent aucune liberté au poète.

Il est incompréhensible, combien l'on a falsifié le texte du Roman de la Rose; l'on ne s'est point contenté de défigurer ou de rendre obscures quelques phrases satiriques, mais l'on est allé jusqu'à supprimer des épisodes entiers, et puis-je dire même que les suppressions, ayant été faites sans doute par les rivaux des deux auteurs, ont atteint les passages les plus intéressants et souvent les plus sublimes : cet épisode des amours d'Irsca, si touchant, si poétique, digne de la plume de Virgile, a été élagué de toutes les éditions, et pour me le procurer, il m'a fallu des recherches on ne peut plus minutieuses. Nous n'avons rien épargné pour rétablir à leur place les suppressions et les omissions; en confrontant les anciens manuscrits, nous avons pu ajouter à notre premier volume l'épisode dont nous avons parlé, les Amours d'Hermance, et six autres fragments extrêmement intéressants; pour la fin de l'ouvrage, nous avons encore des documents précieux et inédits.

Si nous n'avons pas attendu que le deuxième volume fût terminé pour les livrer ensemble à l'impression, c'est par cette seule raison, que nous espérons nous éclairer par les critiques qu'on voudra bien faire de notre ouvrage; les observations qu'on nous adressera pourront nous servir pour la fin du roman. Comme tout poète enviant la gloire, et surtout désirant être lu, nous cherchons tous les moyens de parvenir à ces résultats; c'est pourquoi comptons-nous sur les judicieuses critiques pour livrer le second volume, qui sera précédé des portraits de Guillaume de Lorris et de Jean de Meun, dit Clopinel; portraits qui se trouvent dans un ancien manuscrit, et qui ont été dessinés d'après nature.

DISSERTATION

SUR

LE ROMAN DE LA ROSE.

Si jamais un ouvrage a joui d'une réputation immense; si jamais un ouvrage a pu braver le temps, destructeur de toutes choses, défier et confondre tous ses rivaux, il en est peu qui, comme le Roman de la Rose, aient subi autant d'interprétations différentes. Au rapport des uns, cet ouvrage est infame, le feu aurait dû le consumer; à entendre d'autres docteurs, ce roman est supérieur, autant dans son but moral que dans son mérite poétique, à tout ce que nous avons de plus sublime; mais en laissant tous ces commentateurs et leurs opinions erronées, consultons l'impression qu'il produisit sur le public, et nous serons convaincu de son mérite par l'approbation générale qui l'accueillit lors de son apparition. Il n'est point d'écrits anciens qui aient eu une aussi grande publicité par la voie des manuscrits : toutes les bibliothèques en sont ornées, et le malheur est qu'un grand nombre de copistes, soit dans leur intérêt personnel, soit par leur ignorance, ont défiguré plusieurs passages, et l impression a propagé ces erreurs ; ce qui a pu faire croire à quelques savants que ce roman n'était point parfait dans toutes ses parties.

Des écrits français, le Roman de la Rose est l'un des plus anciens; c'est, je puis le dire, l'Iliade française : c'est le point de départ de la littérature, et l'on ne devra pas s'étonner de rencontrer souvent dans ma traduction, des passages ayant rapport aux ouvrages des Boileau, des Racine, des Voltaire; en un mot, de toutes nos célébrités qui ont puisé dans cette source comme les rivières s'alimentent du fleuve.

Malgré le torrent de réfutations qui parut contre ce roman, le public éclairé ne se laissa point prendre aux filets que lui tendaient les prédicateurs et tous les ennemis du bon goût; il s'efforça d'admirer cette production, et le dernier auteur goûta ce bonheur, le plus grand que puisse avoir un écrivain, de jouir d'un triomphe en recevant le suffrage flatteur de ses concitoyens.

Le plan vaste et sublime du Roman de la Rose fut conçu par Guillaume de Lorris, qui le premier osa entreprendre un ouvrage de si longue haleine : il le commença vers le milieu du treizième siècle, et le continuait avec un zèle infatigable, lorsque la mort vint interrompre ses importants travaux dans l'année 1262; de Lorris laissa son roman inachevé, et, au grand regret de toutes les personnes de goût, il ne put faire que 4150 vers, les plus beaux et les plus élégants de l'ouvrage. La poésie de Guillaume de Lorris est remarquable par une grande sensibilité, par des pensées sublimes et par un laisser-aller digne des plus grands auteurs modernes : aucune expression incohérente ne vient blesser l'oreille, sa versification aisée ne fatigue point le lecteur, l'harmonie de ses vers est si douce et si touchante, que, peut-être, juge impartial, devons-nous dire qu'elle tombe dans la monotonie; mais ici ce n'est point un défaut, car cette douceur fait naître des pensées : elle est semblable à cette sombre forêt, noire, silencieuse, où le calme n'est troublé que par les gémissements de la plaintive tourterelle; l'ouïe et la vue paraissent fatiguées de ce bruit lugubre, mais l'ame en est ravie.

Pendant environ trente ans, le Roman de la Rose resta inachevé; nos pères moins glorieux, et surtout moins jaloux que nous, ne cherchaient point à faire disparaître les œuvres de leurs prédécesseurs; au contraire, les savants se faisaient un devoir d'achever ou de corriger ce que les auteurs n'avaient pu terminer.

Jean de Meun, surnommé Clopinel parce qu'il était boîteux, résolut de mettre la dernière main à l'œuvre de Lorris, et en moins de deux ans, il termina ce roman. L'esprit de Clopinel était l'opposé de celui de son prédécesseur, comme on peut le voir par la continuation de cet ouvrage : le premier était élégant, mélancolique, ne parlant qu'à l'ame; le second brillait par la satire, par le vague de ses pensées et par un esprit caustique; ce n'était plus le poète du moyen âge, habitué au son lugubre et à la teinte sombre de la religion; c'était l'homme mondain, le bel-esprit de cour; en un mot, il ne s'adressait qu'aux sens : il ne cherchait point à frapper juste, mais seulement à frapper fort. Moine d'abord, il laissa bientôt l'habit religieux pour courir les aventures, et abandonna la soutane pour se vêtir de la fraise, de la hallebarde, et pour suivre en chevalier une belle qu'il aimait; rebuté par sa damoiselle, il revint à Lutèce, et, en troubadour, il allait la lyre en main, éclairé par les rayons de l'astre de la nuit, réveiller par ses chants la dame de ses pensées. A la cour de Philippe-le-Bel, il avait toujours deux ou trois intrigues amoureuses : il fut l'amant assidu de la reine, des princesses et des courtisanes, quoique sa figure fût sans noblesse, et que ses pieds, l'un plus court que l'autre, le rendissent extrêmement hideux.

Pour faire connaître la finesse d'esprit de cet auteur, nous devons citer une anecdote connue, mais dont les accessoires sont, je crois, inédits, qui prouve combien Clopinel avait la réplique aisée. Travaillant à son Roman de la Rose, arrivé à l'épisode du jaloux, il est indécis s'il doit faire un éloge ou une satire pour ou contre le sexe; un duc de Normandie voyant son incertitude, lui conseille d'écrire en faveur des femmes; l'auteur, goguenard, lui répond par des plaisanteries; le duc s'écrie avec enthousiasme : « Je connais des femmes fidèles, je suis certain de la mienne ! » C'est possible, répond notre poète; et si ce miracle chez vous se trouve, je baillerai aux femmes des éloges; mais si, comme les autres, vous êtes couppe (1), contre elles je parle. — Le duc, sûr de son épouse, croit être victorieux : mais quelle fut sa surprise lorsqu'il vit ce quatrain à la suite du roman :

Toutes estes, serés, ou fustes,
De faict ou de volunté, putes.
Et qui très bien vous chercherait,
Toutes putes vous trouverait.

A la vue de ces vers, il resta muet, et il fut marri, bien marri, comme le dirait Molière, lorsqu'il sut que sa femme n'avait point résisté au poète.

La duchesse, indignée avec raison de l'indiscrétion de Clopinel, fait un appel à toutes les dames de la cour pour venger leur honneur; un rendez-vous est donné par une d'elles : le poète s'y rend, et dans l'obscurité il se trouve renversé, voit

(1) Couppe, par apocope de Coupeau, qui signifie cocu. Paquier prétend que coupeau vient de coupe, c'est-à-dire infidélité, dérivée de coulpe : et l'on disait : ta femme t'a fait *couppe*, faute, pour dire cocu.

(*Glossaire du Roman de la Rose.*)

toutes ses ennemies armées de verges, se disposant à lui donner le fouet; sans se troubler, il leur dit : « Ah ! mes dames, je vous ai outragées ! pour dernière grâce, que la plus grande pute me frappe le premier coup ! » Désarmées par cette plaisanterie, elles se retirèrent vaincues, et le poète put encore les plaisanter.

Clopinel, au dix-neuvième siècle, eût été un républicain; il existe peu d'ouvrages où les préjugés, quels qu'ils fussent, aient été plus indignement traités : les rois sont des usurpateurs, les hommes sont égaux, le premier prêtre fut un hypocrite : telles étaient les maximes de ce moine, qui eût été mieux placé à la tête d'un régiment de pages ou d'une compagnie de ribauds, qu'auprès du paisible tabernacle. — Sa vie, comme on verra au commencement du deuxième volume, est on ne peut plus intéressante; elle offre le sujet de dix belles pièces théâtrales et d'autant de romans.

Pour revenir maintenant à l'ouvrage de ces deux moines, pour inspirer au lecteur de ce roman quelque intérêt de plus, nous devons rapporter ici les diverses interprétations qui ont été données à cette œuvre, et les différents jugements qui ont été rendus en sa faveur ou contre elle.

Nous trouvons d'abord dans la bibliothèque de La croix du Maine, que Martin Franc, prévôt et chanoine de Lauzanne, considérait ce roman comme une critique très acerbe contre les femmes; aussitôt il prit fait et cause pour les offensées, fit une réfutation en vers, et son *Champion des Dames* approche de la perfection de l'ouvrage de Jean de Meun.

Baillet, dans son *Jugement des savants,* rapporte l'acharnement que mit Gerson, chancelier de l'université et professeur en Sorbonne, pour décrier et faire condamner au feu le Roman de la Rose. A l'entendre, cette lecture est plus pernicieuse que tous les vices : elle ne peut manquer de précipiter dans les flammes de l'enfer quiconque oserait seulement toucher cet ouvrage; qu'on lise le livre intitulé : « *Tractatus magistri Joannis Gerson, con-*

tra Romentium di Rosa, qui ad illicitatem veneum, et libidinosum amorem, utriusque statûs homines quodam libello excitabat (1).

La colère de ce chancelier était si violente, qu'elle tombait dans le plus vil ridiculisme (qu'on nous passe ce mot roman). Si je ne craignais point d'être appelé Trissotin, en entremêlant cette dissertation de latin et de français, j'aurais rapporté plusieurs passages du libelle de Gerson; mais qu'on nous permette de traduire quelques phrases qui peuvent faire connaître le caractère des censeurs du moyen âge : ils ressemblaient, ou plutôt veux-je dire que ceux de nos jours leur ressemblent. Voici la traduction littérale du premier paragraphe de l'ouvrage de Gerson :

« S'il fallait que le Roman de la Rose fût de « moi, et qu'il valût uniquement vingt sesterces,

(1) Traité de maître Jean Gerson contre le Roman de la Rose, qui par un style particulier excitait les hommes de tout rang à l'amour déréglé et à la débauche.

« afin que je le dise au public, qu'il équivaut à « cinq cents écus d'or, et quand je le croirai bien « meilleur venant de moi, il sera brûlé afin qu'il « ne pût jamais être publié. »

Ce libelle diffamatoire contient plus de cent pages in-quarto, et toutes écrites dans ce même style.

De tous les écrits qui avaient paru contre ce roman, aucun n'eut un plus grand succès que celui de Gerson : en chaire, le prédicateur n'entretint plus son auditoire que du Roman de la Rose; les partisans du censeur en répandant des torrents d'injures contre l'ouvrage, lui ont donné une plus grande célébrité que tous les éloges pompeux qu'en ont faits les contemporains; bien des dévotes qui n'en avaient jamais entendu parler, eurent le désir de le connaître, d'après ce qu'elles en avaient entendu dire, et bientôt la célébrité du Roman de la Rose devint européenne : on ne trouvait point un petit bourgeois qui ne le connût et qui n'en possédât au moins un manuscrit.

Pour ne point devenir fastidieux, nous envoyons les curieux aux œuvres de Duverdier, à l'Histoire de la poésie française de Marvesin, aux Lettres de Desmaiseaux à Saint-Évremont, aux Recherches de la France de Paquier; et là, ils verront combien il est facile de barbouiller du papier et de consommer de l'encre inutilement; c'est par toutes ces dissertations, ces critiques qu'on sera persuadé de la vérité de ce vers du Glorieux :

La critique est aisée et l'art est difficile.

Le texte du Roman de la Rose peut contenir cinq cents pages in-12; il existe au moins dix mille pages in-4° de réflexions, de réfutations, de critiques, de louanges, de discussions relatives à ce gracieux ouvrage.

On ne s'est point borné à critiquer seulement, mais on est allé jusqu'à contester les noms des auteurs; la jalousie, aveugle en ses excès, n'a point rougi de dire que Guillaume de Lorris et Jean

Clopinel n'étaient que des noms supposés, que le vrai poète qui a enfanté le Roman de la Rose était Abeilard; que cette rose, si belle, si précieuse n'était autre qu'Héloïse allégorisée, pour me servir de l'expression romane, en cette fleur; ce qu'il y a de malheureux pour le père Adam, qui s'est permis d'avancer cette assertion mensongère, c'est la date de l'apparition du roman; s'il avait un peu réfléchi, s'il s'était donné la peine de consulter les anciens missels, il eût vu que le Roman de la Rose parut en 1303 ou 1304, tandis qu'Abeilard était mort en 1142.

Aussitôt que le père Adam eut levé le moindre doute sur cet ouvrage, l'on vit paraître cent nouvelles dissertations; les uns ont voulu reconnaître dans cette rose, dont la propriété est si difficile, la pierre philosophale; d'autres ont soutenu que l'auteur n'avait eu d'autre but que de nous représenter la volupté sous les traits de cette rose; tandis qu'un autre moine soutenait que la philosophie seule avait guidé l'auteur, et que la vie était personnifiée dans cette fleur; il veut la cueillir, mille obstacles l'arrêtent; enfin il la possède, elle s'évanouit et meurt; c'est, dit ce père, l'image de l'existence humaine: l'homme désire toujours, il aspire au bonheur, et c'est la mort, le néant qui le reçoivent; cette perspective de jouissance qui lui coûte tant de peines, s'éteint dans le tombeau.

Laissant tous ces moines et leurs interprétations sombres et mélancoliques, je vais rapporter ici l'opinion de Boudigné, qui, comme on le voit par ces deux vers, ne partageait point celle de ces pères : il n'aperçoit qu'un poëme amoureux qui ne s'adresse qu'aux cœurs.

> De Pathelin n'oyes plus les cantiques
> De Jean de Meun la grand joliveté.

Jean Marot partageait l'opinion du précédent; dans son entrée de Louis XII dans la ville de Bresse, il recommande aux jolies dames, aux amoureuses damoiselles, de lire ce roman : c'est, dit-il, le reflet et l'ombre des cœurs sensibles; il faut aimer, les dieux le veulent; on ne peut connaître le bonheur si l'on n'a pas connu l'amour. Dans la vieillesse, lorsque l'âge refroidit nos sens, les vieux jours, loin d'être assombris, s'écoulent dans l'ivresse des souvenirs du passé; sur les visages où brille la gaîté, on peut écrire comme sur ces vieux arbres où le temps a effacé à moitié l'inscription de deux noms gravés ensemble : ici a passé l'amour !

Car comme dit le Roman de la Rose :
Qui est un texte oie n'appartient de glose.

Enfin Antoine de Baïf, contemporain et suivant la cour de l'infame Charles IX, est le premier qui ait compris toute la douceur et toute l'étendue du Roman de la Rose. Un jour le fils de Catherine de Médicis dit à ce poète : J'entends beaucoup parler de ce roman, expliquez-moi le sujet de ce poème, et dites-moi votre opinion concernant cet ouvrage. — Pour répondre au monarque, il composa ce sonnet, qui fait mieux l'analyse du roman que tout ce que nous pourrions en dire :

Sire, sous le discours d'un songe imaginé,
Dedans ce vieil roman vous trouverez déduite
D'un amant désireux la pénible poursuite,
Contre mille travaux en sa flamme obstiné.
Paravant que venir à son bien destiné
Faulx semblant l'Abuseur tâche le mettre en fuite :
A la fin Bel-Accueil en prenant la conduite,
Le loge après l'avoir longuement cheminé.
L'amant dans le verger pour loyer des traverses
Qu'il passe constamment; souffrant peines diverses,
Cueïl du rosier fleuri le bouton précieux.
Sire, c'est le sujet du Roman de la Rose,
Où d'amours épineux la poursuite est enclose;
La rose c'est d'amour le guerdon gracieux.

Enfin, pour finir cette dissertation, nous devons faire connaître aussi l'idée que nous avons du Roman de la Rose; nous n'aurions point osé émettre notre opinion après ces célébrités que nous venons de citer; mais ayant étudié cet ouvrage plus que personne, on nous permettra, nous osons l'espérer, cette licence. Le Roman de la Rose fut composé par Guillaume de Lorris, pour fléchir une beauté rebelle; c'était en vain que le moine avait fait plusieurs déclarations à la dame de ses pensées; dans son désespoir poétique il chanta son amante, et par là elle fut bientôt fléchie.

Les auteurs ont voulu personnifier par cette rose, les jouissances et les peines de l'amour. Dans le feu de l'imagination, notre amie se présente toujours belle, brillante comme l'astre du jour, nous aimons à surmonter tous les obstacles pour la posséder; lorsqu'elle nous appartient, l'illusion se perd, ce n'est plus une déesse : ce n'est qu'une femme. Voilà l'idée anacréontique que nous présente ce roman; ses auteurs n'étaient pas des poètes seulement, mais ils étaient encore des philosophes! ils connaissaient le cœur humain : ce que nous désirons perd toute sa valeur lorsque nous le possédons!

Laissant de côté toute cette philosophie, nous devons dire que les auteurs du Roman de la Rose ont émis cette opinion que partage le traducteur : que les femmes font le charme de la vie; les deux auteurs au treizième siècle, et le traducteur au dix-neuvième, se sont écriés de la même exclamation :

> Et vous, femme jolie, ici je vous appelle,
> Il faut mourir pour vous ou vous rester fidèle.

❀

PRÉCIS

SUR

LE MOYEN AGE.

Jamais un siècle ne s'est plus occupé du moyen âge que celui dans lequel nous vivons; jamais, dis-je, un peuple n'avait cherché à dégénérer, à courir après sa décadence pour faire ressusciter un temps fameux par l'exaltation des passions. Quels furent les propagateurs de cette monomanie déchéante? quelques auteurs qui, ne pouvant être à la hauteur de leur siècle, ont voulu persuader aux crédules que les temps passés étaient plus fameux que les temps présents : pour le prouver, ils ont écrit dans le plus grand désordre tout ce que leur imagination fantastique pouvait offrir de plus horrible ou de plus infame ; ils ont offert aux yeux surpris des spectateurs, des échafauds, des gibets, des cachots où le jour n'arrive qu'à peine, où l'air n'est introduit que par les jointures des barres de fer, où l'eau ne pénètre qu'en se filtrant à travers les humides et froids rochers ; ils ont montré des malheureuses victimes dans les tortures de l'inquisition ; et là, leur cœur sauvage et souvent dépravé, dictait à leur plume des pages capables, non pas d'émouvoir, mais de terrorifier le lecteur !

Ce nouveau genre, par cette seule raison qu'il était nouveau, n'a pas manqué de trouver des admirateurs ; tous ceux qui, jusqu'alors, en imitant les grands auteurs, étaient perdus dans le néant littéraire, ont jeté le gant au siècle fameux de Louis XIV. A les entendre, Racine ne savait point versifier, Corneille n'était qu'un écolier, à peine avait-il osé esquisser ses sujets ; et vous, étoiles brillantes qui nous éclairez ! vous, dont les sublimes écrits ont fait l'admiration de trente siècles ! vous, génies aériens de l'antique Ausonie, fuyez ! votre clarté s'est éclipsée auprès de celle des romantiques !

A entendre ces réformateurs de bon goût, nos pères n'étaient que des esprits lourds ; les Agamemnon, les Achille étaient indignes de la scène : car dans Iphigénie il n'y a qu'une victime, et peut-on décemment verser des pleurs pour une seule défunte !

Il faut du nouveau et de l'historique, faisons de l'histoire ! Le moyen âge est inconnu, puisons dans cette source abondante ! Si l'on nous reproche de falsifier les faits et les mœurs, imitons Crispin du classique Regnard, et répondons à toutes les phrases qu'on nous adressera : c'est le moyen âge ! c'est le romantisme ! Les anachronismes étaient permis chez les Gaulois, les crimes étaient non seulement tolérés, mais plus ils étaient grands, plus ils étaient admirés; le dévergondage du style était toléré; eh bien ! soyons du moyen âge et prenons toutes ces licences !... Voilà ce que disent les détracteurs du bon goût, et les badauds d'applaudir et de trépigner de joie ! . . . .

Ces Messieurs ont cru avoir franchi les bornes de la difficulté après avoir élagué le bon sens de leurs ouvrages; ils ont cru qu'au jeu de dames il était plus facile de gagner au *qui perd gagne*, et se livrant dans une nouvelle route, sans point de départ, sans bornes, ils se sont bientôt embrouillés; en cherchant à retourner sur leurs pas, ils se sont plongés dans les ténèbres, et lorsque le jour parut à leurs yeux, ils se virent dans un labyrinthe obscur où la secte n'ayant pu trouver le fil d'Ariane, s'est déjà perdue à jamais.

Si l'erreur n'avait consumé que les papillons qui venaient voltiger autour de sa lumière, le malheur n'eût été sensible que pour les victimes; mais le monde est comme une montre : si on l'arrête un instant, elle est en retard avec l'heure. Comme le mauvais goût est plutôt propagé que les bons principes, comme la masse du peuple préfère le clinquant au solide, combien faudra-t-il de temps pour réparer cet interrègne où le bruit aigu du charivari est plus goûté que la douce et lointaine mélodie.

La plupart des littérateurs, rebutés par la perfection désespérante à laquelle étaient arrivés les auteurs d'Athalie, de Cinna, de Mérope, ayant perdu l'espoir non seulement de les égaler, mais même de pouvoir les imiter, se sont joints aux peintres et aux sculpteurs qu'effrayaient les Raphaël, les Michel-Ange, et ont pensé qu'il leur serait plus facile de se faire remarquer en traçant eux-mêmes une nouvelle route, qu'en suivant celle déjà tracée. Encore une fois, ils ont redit : nous sommes romantiques ! nos ouvrages, vous les trouvez mauvais, vous ne les trouvez point neufs; eh bien! vous serez obligés de reconnaître l'originalité de nos barbes et de nos habits ! Réellement ce sont les seules marques qui puissent les faire distinguer.

Qu'on n'aille pas croire, d'après ce qu'on vient de lire, que nous sommes ennemis du romantisme, ou pour mieux dire, du moyen âge; au contraire, cette réfutation prouve que nous sommes peiné qu'on n'ait pas compris le caractère de ces siècles qu'on pourrait appeler grands, tant par la sublimité des vertus, que par l'étendue et l'atrocité des crimes. A cette époque, tout marchait la tête haute, le front levé; depuis le noble messire le roi, jusqu'au bas et malheureux vassal, tous deux paraissaient avec la même fierté.

La traduction que nous offrons, prouve l'admiration que nous portons pour les ouvrages de nos bons pères; seulement, blâmons-nous ces hommes qui ne sont point de leur siècle, qui n'ont pas l'esprit du temps passé et qui veulent s'établir juges dans une cause qu'ils ne comprennent pas. Pour nous initier avec les mœurs d'une époque, il nous faut des historiens et non pas des romanciers; car les passions ne sont que les reflets des mœurs, elles sont toujours les mêmes, à quelques modifications près; modifications qui proviennent de la domination ou de la faiblesse du clergé: mais de tous les temps on s'est aimé de la même manière : vingt-cinq romans ne peuvent faire comprendre un siècle comme un seul fait; ces seuls mots de François Ier : *Tout est perdu fors l'honneur*, font plus connaître le caractère des chevaliers français, que tout ce qu'en ont pu dire les romantiques assemblés.

Comment nous a-t-on personnifié le moyen âge ? par une vieille femme laide, déguenillée, montée sur un bâton et se dirigeant vers le sabbat. Voilà donc la source dont nous sortons? Quel honneur nous font ces Messieurs! quelle belle origine!

S'ils ont voulu prendre un ton plus sérieux, ils nous ont montré des crimes capables de faire rougir le crime même; ils ne nous ont habitués qu'avec des estropiés, des monstres dont la figure hideuse faisait, pour me servir de leur expression argot, avorter les femmes enceintes; ils nous ont dit en nous présentant ces tableaux pâles, sombres, où la lumière n'arrive que faiblement sur une innocente beauté défigurée par la torture ou flétrie sous les ignobles mains des bourreaux : voilà le moyen âge, admirez-le, c'est le plus beau temps qui ait jamais existé; tâchons de le faire renaître! quelle obligation nous leur aurions s'ils pouvaient établir un tel gouvernement! Demandons-leur d'où proviennent les renseignements qu'ils nous donnent; ils nous répondront avec une froide imperturbabilité: nous les avons trouvés écrits sur les murs de Notre-Dame ou sur le clocher de la cathédrale de Rouen. Insistons encore, ils nous diront: c'est le feu du ciel, c'est la foudre qui a consumé cette dernière église, qui a détruit les pièces qui nous avaient éclairés.

Laissons les romantiques, et examinons le moyen âge, non d'après l'avis de ces Messieurs, mais en historien. Voyons si nous ne partagerons pas cette opinion, de faire ressusciter le temps passé, ou du moins de le regretter, en reconnaissant qu'il était plus grand, et que le caractère français était plus beau, par cette raison que l'esprit mercantile n'avait point jeté son venin dans tous les cœurs.

L'idée de faire renaître le moyen âge, est une folie; c'est vouloir empêcher une roue élancée de décrire le cercle: en l'arrêtant, on s'expose à être englouti ou à briser son axe. Tout ce qui a eu un commencement doit avoir une fin, nous dit notre intelligence. L'intermédiaire qui existe entre ces deux points, passe par des modifications réglées par le sort, et que le pouvoir des hommes ne pourrait jamais contrarier. Examinons ces états, dont la splendeur a été pareille à l'éclat du soleil, ils ont brillé; leur aurore a été longue, leur lumière a été d'un moment, et ils se sont éteints sans crépuscule, comme cette belle journée éclipsée par de lourds nuages.

Rien ne peut mieux donner une idée précise de la philosophie du moyen âge que ce passage, dont on trouvera la traduction en vers dans le second volume. Je vais essayer d'en donner ici un extrait en prose; qu'on me pardonne quelques réflexions échappées malgré moi :

L'homme naquit avec cinq sens : ses cinq sens lui ont fait voir dans le monde un cercle ou continuation de lignes, n'ayant ni commencement ni fin; c'est là où se bornent ses connaissances : son instinct lui dit qu'il est impossible qu'une ligne droite n'ait deux bouts, et qu'un angle droit n'ait 90°. Si nous naissions avec six sens, verrions-nous pour globe une boule ronde? L'on pourrait répondre par la négative, puisque l'homme, avec ses deux yeux, en regardant l'hémisphère, aperçoit un demi-cercle, le borgne n'en voit qu'un quart; ainsi, si nous avions un œil de plus, notre vue serait plus étendue. Suivant notre nature, nous ne pouvons point percer au-delà des nuages, et presque tout, même des objets matériels, nous paraît mystère. Voulons-nous écarter les voiles épais qui couvrent le monde? Nous n'apercevons plus que des ténèbres dans lesquelles nous nous perdons, et, semblable à ce mirage qui éblouit nos yeux, l'illusion disparaît lorsque nous nous approchons, et la honte de notre ignorance fait rougir notre orgueil?

L'homme, borné par ses cinq sens, a cru être au-dessus des animaux ; et cependant, il est physiquement prouvé qu'il n'existe aucune différence entre lui et ces derniers, si ce n'est qu'il est plus malheureux.

L'homme voit : par la vue il sait distinguer son protecteur de son ennemi ; il entend, son ouïe lui annonce l'arrivée d'un de ces deux objets ; il mange, son goût lui fait éviter ce qui lui est nuisible et le mène à la recherche de ce qui lui est utile et agréable ; il sent, son odorat lui sert à faire pénétrer jusque dans son ame, l'odeur exhalée de la terre ou des fleurs, ce sens lui remplace celui de la vue lorsqu'il est atteint d'une cécité ; le toucher lui sert à faire distinguer les objets les uns des autres. Quel est l'animal qui n'est point pourvu de ces facultés ? depuis l'aigle altier jusqu'à l'imperceptible mouche ; depuis le lion superbe jusqu'à la timide fourmi, tous éprouvent les mêmes sensations, ayant tous ces cinq sens.

Les sentiments d'amour filial, paternel, ne sont-ils pas aussi bien exprimés chez ces animaux comme chez l'homme ?

Tout bien considéré, le lion, le tigre, l'aigle, ont un privilége sur nous : c'est de pouvoir se défendre, tandis que nous sommes obligés d'avoir recours à des armes factices. L'homme, animal présomptueux, ne peut vivre qu'en corps ; partiellement, sa race serait bientôt détruite ; mais, parce que cinquante hommes réunis ont effrayé et chassé un lion, ils se sont dit : Nous sommes les plus forts ! nous ne le craignons pas ! Tous se sont réunis et ont formé un faisceau; un d'entre eux leur a dit : Il faut un chef, d'où devront s'émaner les ordres, pour éviter toute confusion : je serai ce maître, chacun d'entre vous labourera une partie de mon terrain, tandis que moi, je m'occuperai du bonheur de tous; ils répondirent : Nous le voulons bien! Ce chef, un jour qu'un grand nombre d'hommes et de femmes travaillaient à son habitation, y mit des bornes et dit : Ce terrain, ainsi que tout ce qu'il contient, est ma propriété; quelques-uns murmurèrent, il laissa la liberté à ceux-là; seulement, il leur dit : Faites comme moi, mais avant, engagez-vous à vous soumettre à mes volontés; ils consentirent, mirent des limites et eurent des esclaves, qui obéirent par lâcheté ou par timidité. Un homme sort parmi ces dominateurs, il veut éclipser la puissance du chef, il en impose, il se donne pour l'envoyé d'un être éternel, immuable, créateur de toutes choses, il vient enseigner les admirables doctrines d'un Dieu de paix et de bonté; pour séduire ce peuple sauvage et grossier, il terrorifie! Vous ne m'obéissez pas! dit-il; eh bien! Dieu veut du sang! il demande celui de votre chef. Fils qui doutes de ma mission, viens plonger le fer dans le sein de celle qui t'a donné le jour, Dieu te l'ordonne! — Chacun frémit, Eschyle l'a dit, la terreur fit les dieux! — La puissance dominatrice n'est plus celle du chef de la peuplade, mais celle du prêtre.

Comme les brigands ne sont jamais satisfaits de la part du butin dont ils se sont emparé, ces chefs se disputèrent; un juge s'établit pour prononcer les arrêts que lui dictaient son ame et sa conscience ; mais l'appât d'un terrain, d'une jeune et jolie esclave, ont fait dégénérer le caractère qu'il s'était imposé; bientôt ce furent les présents qui commandèrent aux juges : deux avocats parurent pour se faire arbitres ; leur service fut éclipsé par les maux qu'ils répandirent sur le nouveau peuple : ils se firent un devoir de diviser le père du fils, la mère de la fille, l'époux de l'épouse; et que de torrents de pleurs ils firent couler ! L'armée vint, et le pouvoir du soldat surpassa tous les autres; un militaire paraît le casque en tête et le glaive tranchant à la main, il dit au prêtre, au juge, à l'avocat, au peuple : je vous laisse vos droits si vous voulez m'obéir; mais si vous ne tremblez point devant moi, mon épée se rougira dans le sang du père, de la mère, du fils, de la fille, jusqu'à la troisième et quatrième génération ! Le peuple effrayé, dit encore : Je vous obéirai !

Voilà la base du gouvernement qui nous régit encore ! voilà sur quelle fondation sont posées nos institutions politiques ! Doit-on s'étonner si elles sont si lézardées? Conséquence inévitable, ce monument s'écroulera si l'on ne le répare point de suite.

Nous avons tracé les différentes périodes qu'ont suivies les peuples, depuis leur enfance jusqu'à la domination du soldat; c'est alors que commence véritablement le pouvoir despotique, sur lequel se forme la monarchie; car, au précepte émis par Eschyle, la terreur fit les dieux, l'on doit ajouter le pouvoir du glaive a fait les rois.

L'expérience nous a prouvé qu'un état devait durer de dix-huit cents à deux mille quatre cents ans ; période qui se divise en trois époques positives, marquées par de grands changements. Tous les états qui ont brillé, et qui, par conséquent ont été civilisés, ont eu d'abord un commencement de civilisation , une splendeur et une décadence. — Le soldat qui s'est emparé du gouvernement, règne par la terreur, l'artifice, et surtout par les miracles ; c'est ainsi que nous voyons Rémus et Romulus allaités par une louve, que nous apprenons qu'une biche montra le chemin à l'armée de Clovis, etc., etc. — La durée de cette première époque est ordinairement de dix à douze siècles, où les rois ne règnent que de nom, mais où la puissance ministérielle est absolue ; le peuple est dans la plus profonde ignorance, il est abruti par l'esclavage, ses yeux sont éblouis à la vue de ce roi placé sur un trône , couvert d'une armure éclatante, dont le reflet du soleil les force à détourner la tête ; ils voient, dis-je, tous ces seigneurs à genoux devant ce monarque ; eux s'écrient : c'est un Dieu ! Ce n'est pas un homme comme nous ! Cette pensée les rend absolument esclaves, puisqu'ils l'adorent ! Dans l'empire d'Assyrie, nous voyons cette période, depuis Nemrod jusqu'à Sardanapale ; en Angleterre, depuis Wortegem jusqu'à Édouard-le-Confesseur ; en France, depuis Pharamond jusqu'à Clotaire III.

Les ministres, pour s'emparer des états de leur maître, furent obligés d'avoir recours à la science pour diminuer la force des préjugés ; c'est alors que nous voyons Pépin-le-

Bref, un Guillaume-le-Conquérant, un Pierre Ier, etc., etc. Dans cette seconde période, toujours moins longue que la première, les trois ou quatre premiers souverains font faire des progrès rapides à la civilisation; les autres descendants s'endorment sur leur trône, jusqu'à ce qu'un Hugues-Capet vienne les en chasser pour leur succéder; alors la science prend un degré de plus, bientôt elle se répand, semblable à l'eau qui, tombant dans un terrain, commence à remplir toutes les cavités pour se mettre de niveau; la science éclaire tous les mortels qui, tremblant, n'osent point l'étaler; mais quelques hommes, soit à l'abri de l'allusion ou de la fable, commencent à lever le voile épais qui couvre la vérité; d'autres, moins timides, corrigent les hommes par la comédie; d'autres par la tragédie, font frémir les tyrans en leur montrant le glaive ensanglanté de Scœvola, ou en faisant crier les larges verroux, qui ne peuvent les garantir du poignard assassin. La liberté de la presse s'établit, les monarques frémissent : leur pouvoir devient impuissant, ils ne sont plus considérés que comme des mortels; l'homme se dit : je suis son égal! que m'importe sa naissance! pourquoi lui obéirai-je ? Que le mérite seul soit le maître, que seul il nous commande!

Les arts, les lettres, sont à leur apogée; tous les êtres sont doués d'une grande intelligence, chacun veut être libre, on chasse les Tarquins de Rome, les Louis XVI à Paris, les états se forment en république; cette dernière période doit s'accomplir; la France et l'Angleterre n'ont eu qu'une étincelle, mais elle n'est pas encore éteinte, et dans un temps, ce temps n'est pas éloigné, une explosion aura lieu, elle retentira dans toute l'Europe, et les rois tombant de leur trône seront engloutis dans le cratère du volcan monarchique! Nous avons vu une république maîtrisée par un usurpateur; les peuples se souviennent encore d'un Jacques II, d'un Louis XVIII, montés sur leur trône, ayant pour marche-pied des cadavres pâles, sanglants et défigurés; leur couronne tombée dans cette boue formée de terre est de sang, et aussi flétrie que leur visage, et lorsque la dernière fleur aura disparu, plus de marque distinctive, plus de couronne royale!

Qu'on se souvienne du siége de Troie; toute la Grèce était commandée par des rois, le siècle suivant, on n'en connaissait plus :

La république seule les éclairait!

Si les destinées des états sont de finir, dira-t-on, peut-on s'opposer à cette volonté inconnue? Non, tout ce qui a eu un commencement doit avoir une fin, nous dit notre intelligence, et l'expérience nous prouve que c'est une vérité et non une fiction: Qu'était Athènes? pouvait-on présumer qu'une république semblable eut pu avoir une fin? aurait-il été permis à un grec de croire qu'un jour Athènes ne laisserait plus qu'un nom qui ne pourrait être appuyé que par quelques débris de statues? Non, certainement, non!

Nous avons pour nous l'expérience, nous pouvons l'appeler un sixième sens. Comment tous les états ont-ils perdu leur puissance? Les peuples étaient dégénérés, les chefs, guidés par un amour désordonné de l'or, ont méconnu leurs fonctions; ils ont confondu la boutiquerie avec le commerce, ils ont protégé la mauvaise foi; ils ont éhonté leur peuple, et c'est dans un avilissement total que nous avons vu les Phéniciens se rendre comme des moutons, à ceux qui leur montraient les armes! Cette Athènes si belle, si grande, qui commença sa ruine? l'ambition de l'or! Et qui lui fit perdre son Nicias et son Démosthène? l'ambition de l'or!!... Les arts l'avaient montée au faîte des gloires éternelles, et l'or la fit périr dans l'infamie!

Puisqu'il faut périr, mourons Français, comme ces gladiateurs! En recevant le coup mortel, ne tombons point comme l'arbre séparé de son tronc; nous avons la présomption d'être au-dessus des autres animaux; au moins par vanité, en succombant, montrons-nous dignes de recevoir encore des applaudissements lorsque nous n'y serons plus! que nos vainqueurs soient confondus! Lorsque les barbares du Nord auront englouti la France, que les peuples à venir puissent admirer les Français et détester ses oppresseurs!

Pourquoi nous désoler? nous avons l'expérience. Un architecte sait combien un monument peut durer sans réparation, il n'attend point que l'époque soit passée, parce qu'alors, s'il veut ôter une pierre, le bâtiment s'écroulera; mais avant le terme il fera ses restaurations, et son monument pourra durer encore long-temps.

Nous avons vu que la base de la société est posée sur du sable; il est impossible que ce monument reste d'aplomb ; s'il est des hommes capables d'y mettre un double mur, il sera à la vérité moins simple et moins beau que primitivement, mais sa solidité sera certaine, il pourra exister pendant un grand laps de temps.

Tous ceux qui ont voulu, qui veulent où qui voudront réformer entièrement la société, ont été, sont où seront des fous ; cependant on peut y faire des modifications, il ne faut qu'une coquille de noix pour former une île!

Si notre belle patrie est si près du précipice qui doit l'engloutir à jamais, à qui devons-nous nous en prendre? à l'esprit du siècle, qui cherche à décroître pour paraître plus grand.

Chaque siècle doit avoir son caractère particulier, et le dix-neuvième, pour être à la hauteur des autres, ne manquera point de jeter au néant tous ces écrits qui abondent et qui ne font que répandre de fausses idées dans l'esprit du peuple : Oui, je suis partisan du moyen âge, mais non pas du romantisme; j'estime ces siècles, comme historien je les révère par les vertus qui les distinguaient. Je vais tâcher, dans un précis, de faire ressortir les qualités de nos ancêtres; ce qui étonnera sans doute le lecteur, je n'inspirerai point l'horreur, je ne décrirai point des inquisitions, seulement je vais faire ressortir les vertus, les talents et l'esprit de ces temps.

Nous avons pris au figuré ce que nos pères voyaient au moral; qu'admirons-nous dans les monumens du moyen âge? Le fini du travail, l'élégance du bâtiment, tandis que les architectes ne cherchaient que la forme hiéroglyphique.

Naguère les sciences étaient ignorées; il entrait dans la politique du prince de les couvrir du voile le plus obscur et le plus impénétrable : la féodalité, comme un arbre magnifique, dit le président Montesquieu, qui était noble, répandait son ombrage sur le peuple, et pour éloigner toute pensée liberticide, elle citait l'ignorance comme vertu; les puissants affectaient d'être ignorants. En conséquence, le peuple esclave n'avait aucune notion du passé et ne savait qu'obéir aveuglément aux ordres de leurs maîtres : les prêtres seuls avaient l'admirable secret de connaître les sciences, et comme chez les Égyptiens, chez les Grecs, ils étaient initiés aux mystères de la religion; aussi voyons-nous que tous les hommes qui se sont distingués dans le moyen âge, faisaient partie du clergé; ils prenaient la soutane pour plusieurs raisons; d'abord, membres d'une communauté, ils pouvaient se livrer tout entiers à la science, l'avenir ni même le présent, ne les inquiétaient point, leur sort était assuré pour le reste de leur vie; ensuite, leurs ouvrages, par cela qu'ils étaient des prêtres, n'étaient sujets à la censure; aussi tels écrits de moines étaient lus et admirés qui eussent été condamnés au feu si leur auteur avait été laïque : nous pouvons citer ici le Roman de la Rose, qui n'est qu'une critique continuelle de la prêtrise, de la royauté, de la puissance, en un mot, l'ennemi des préjugés et le plus ardent partisan des réformes sociales, qui eût une vogue immense; certainement, Jean Clopinel n'était pas prêtre dans l'âme; ce ne pouvait être que ces motifs réunis qui forçaient les savants à prendre l'habit religieux, puisque souvent leurs écrits et leur biographie dénotent suffisamment le peu de corrélation qui existait entre l'homme et la profession.

Les savants, dis-je, n'étaient point classés, comme de nos jours parmi les industriels; ils étaient les instituteurs publics, et la poésie, la peinture, la sculpture, l'architecture ne formaient qu'une science divisée en plusieurs branches, mais qui toutes s'attachaient au même tronc; le peintre, en suivant le caprice de son imagination souvent bizarre, ne sacrifiait point les couleurs allégoriques à l'harmonie du tableau; l'architecte ne venait point, comme nous le croyons, chercher telle forme plutôt que telle autre pour flatter nos yeux; il n'immolait point la noble et élégante colonne ionique au lourd et surchargé corolitique; il cherchait l'ornement convenable à la divinité à laquelle il élevait un temple; le moyen âge était, je puis le dire, plus savant que le temps moderne; les romantiques, qui se prétendent initiés aux secrets du quinzième siècle, en admirant un temple, n'y voient absolument que la forme, ou plutôt, veux-je dire, ils n'aperçoivent que ces ornements, que ces finiolures, ils s'écrient avec extase : Que la forme de ces ogives est belle! que cette clef, qui s'avance au-delà de la voûte, est légèrement travaillée! Ils ne voient point l'ensemble de ces monuments; ils ignorent cet axiome du vieux Rabelais : le chien casse l'os pour avoir la moelle; ils admirent une colonne, ils contemplent quelques détails superflus, c'est à ces minuties qu'ils croient être assez savants pour décrire l'esprit d'un siècle; laissons-là ces figures mal dessinées qui ne sont absolument que des hiéroglyphes; laissons-les, dis-je, car déjà une révolution les a détruites, le temps les a noircies; à peine pouvons-nous distinguer parmi ces restes épars échappés du naufrage des ans et des excursions politiques, quelques légères étincelles du feu divin qui inspirait nos pères; abandonnons ces colonnes légères, ces tours lourdes et massives, où la faux du temps a déjà passé : s'agit-il de décrire l'esprit du moyen âge, recherchons les monuments qui font honneur à la mémoire de nos pères; mais laissons-là ces tours détruites, n'offrant plus rien de leur forme première, et sur lesquelles on peut écrire comme sur les tombeaux : ci-gît!

Veut-on connaître l'esprit de nos ancêtres, que notre ignorance a taxés de grossiers, approchons vers ces temples magnifiques, pénétrons dans ces vastes églises où la noble simplicité paraît aussi majestueuse que le Dieu auquel elle était élevée; voyons ces temples où nos pères plus religieux que nous, ne sacrifiaient point le monument à la situation, mais la situation au monument; serait-ce par hasard que toutes les églises du moyen âge sont tournées du même côté, que les façades sont toujours vers le couchant? Serait-ce donc par hasard qu'à Paris, Notre-Dame, Saint-Germain-des-Prés, Saint-Germain-l'Auxerrois, Saint-Étienne-du-Mont et vingt autres temples aient cette même disposition? Quittons Paris, voyons la cathédrale de Milan, celle de Strasbourg, celles de Rouen, de Saint-Ouen, et toujours nous reconnaîtrons l'unité de cette forme; eh bien! voilà ce qui doit faire connaître l'esprit d'un siècle; voilà ce qui nous prouve que nos pères, et même les Gaulois, ne bâtissaient point suivant le caprice de leur imagination; ils consultaient le rhythme religieux, et la science présidait à leurs travaux; ils pensaient que le Christ étant né et mort vers ces lieux mêmes où semblait naître le soleil, ils devaient construire leur temple de manière à ce que toujours les adorations des assistants se dirigeassent vers l'Orient: Pendant toute la durée du moyen âge, aucun monument religieux n'a fait exception à cette règle; par là, nous devons tirer cette conclusion que nos pères réfléchissaient plus que nous; ensuite, qu'ils étaient plus scrupuleux sous les rapports religieux; par ces églises nous trouvons déjà deux des principaux caractères du moyen âge : ce qui confirme encore le premier point, est l'exactitude qu'on observait pour faire distinguer le sexe de la divinité à laquelle était dédié le temple : les églises sous le patronage des saintes étaient remarquées par un détail infini, et par un travail très précieux, telles Notre-Dame de Paris, Notre-Dame de Rouen; pour les saints, c'était une architecture noble, large et simple; Saint-Germain-des-Prés, Saint-Méry, la tour Saint-Jacques, Saint-Germain-l'Auxerrois le prouvent; l'on voit évidemment que le génie de nos pères était plus vaste que nous le croyons, puisque dans tous leurs ouvrages nous reconnaissons le résultat d'une longue réflexion et le travail consciencieux d'hommes éclairés.

Avant que le goût de la poésie littéraire ait paru parmi eux, elle existait déjà dans leur imagination vaste et impressionnable; quels monuments mieux que ceux du moyen âge, ont plus de ce goût exquis qui consiste dans le contraste!

Nous avons plus de prétention que nos pères, et notre orgueil nous démontre que nous sommes moins savants qu'eux. Entrons dans un temple moderne, conduisons un néophyte ou à Saint-Roch ou à Saint-Etienne-du-Mont, il se croira dans une salle de spectacle; à la vue de ces colonnes blanchies, de ces rideaux somptueux, de ces autels surchargés d'or, il oubliera l'objet qui l'a conduit en ces lieux : auprès de ces femmes sveltes et légèrement costumées, en entendant cette musique, ces chœurs où l'art déploie toutes ses ressources; cet homme, ému à la vue de ce tourbillon de distractions, ne sera plus en butte qu'aux émotions qu'éprouve son ame, et le sanctuaire est à peine distingué.

Remontons au quinzième siècle; suivons la jeune Clotilde, qui, voulant faire abjurer l'athéisme à son amant, le conduit à Saint-Ouen; à peine est-il entré dans cette vaste enceinte dont la majestueuse simplicité n'est comparable qu'à ce Dieu immense; à peine a-t-il vu ces colonnes que les ans avaient noircies et rongées; qu'il eut entendu ces sons plaintifs de l'orgue, qu'il eut contemplé cette lumière que produit ces vitraux; il s'arrêta immobile! En marchant il foulait des pierres sépulcrales, levant ses yeux, il ne voyait de tous côtés que la mort et le néant, inscrits sur des tombeaux à moitié effacés; malgré lui son ame se dirigea vers le tabernacle où restait encore quelque rayon d'espérance, il s'écria : O ma Clotilde! le vrai Dieu est celui qui habite céans!

Nos pères voulaient faire prospérer la religion; ils cherchaient à la faire respecter; aussi savaient-ils les moyens capables d'émouvoir et de persuader! Ils n'ignoraient pas qu'un rayon de lumière produit plus d'effet dans un tombeau que dix bougies dans un salon bien éclairé.

Les sciences n'appartenaient qu'aux prêtres; il n'est donc pas surprenant que dans ces siècles où les lumières étaient enveloppées des ténèbres de la superstition; où les lettres étaient ensevelies dans les cloîtres, que tout prit une teinte sombre et mélancolique : les sciences qui, en se réfugiant dans les monastères, étaient vives et brillantes, prenaient bientôt le noir reflet de la religion et en ressortaient voilées, assombries, ne donnant plus qu'un demi-jour pâle et indécis; ce n'était plus un beau soleil vivifiant, une riante campagne : c'est un faible clair de lune vacillant sur des tombeaux.

Si je voulais faire connaître l'esprit du moyen âge, je laisserais de côté les échafauds et les supplices, qui, à la honte de l'humanité, sont de tous les temps et de tous les lieux; mais je peindrais un chevalier décoré des couleurs de sa belle, debout au milieu de la nuit sur une sombre montagne, regardant d'un œil féroce son adversaire, et plaçant sur son cœur une fleur ou un ruban octroyé par l'amour; fier de ce talisman, je le représenterais avec le courage d'Achille, la lance en arrêt et ployant sous sa lourde armure, se frayant un passage dans les rangs ennemis, et s'écriant dans son triomphe : Ah ! si ma dame me voyait !

Rien ne rend mieux l'esprit de ces siècles que ce culte fanatique de la valeur se dévouant à la beauté; peignez un paladin, sanguinaire et féroce, quelquefois clément et généreux, à l'instant d'exercer avec jouissance une vengeance inhumaine, s'arrêtant sur la foi d'un songe et se contentant d'envoyer le vaincu aux pieds de son amante.

Les anciens chevaliers pensaient comme jadis les Gaulois, que les femmes, déjà si séduisantes par elles-mêmes, avaient encore quelque chose de divin, et que nos hommages pour elles devaient tenir du culte qu'on rend aux dieux.

Sur ces sentimens, capables d'émouvoir tous les cœurs, qu'il serait facile de composer d'admirables romans !

Ce qui caractérise le mieux ce moyen âge, c'est l'exaltation de l'ame et la violence des passions; c'est l'opposition et le contraste qui se trouvent dans la même personne; il est facile de rendre cet esprit chancelant par les institutions et surtout par les monuments d'alors.

Est-il rien de plus sublime que cette institution des chevaliers errants ! qu'il est malheureux qu'une plaisanterie de Michel Cervantes ait pu faire tomber cet usage, qu'on avait de nous les représenter dans tous les romans du dix-septième siècle : Est-il rien de plus beau que cet homme abandonnant ses amis, sa patrie, sa fortune, même son nom, pour aller, malgré les dangers sans nombre qui le menaçaient, se dévouer pour venger l'opprimé, pour secourir l'orphelin et la veuve! — A de semblables hommes ne devrait-on point élever des autels! Dans ce siècle d'égoïsme où nous vivons, je serai sans doute taxé de ridicule ;les amis de Cervantes m'appelleront Don Quichotte ; mais qu'ils réfléchissent, ils reconnaîtront que si les chevaliers errants faisaient l'ornement du moyen âge, s'ils sortaient vainqueurs des combats qu'ils livraient aux tuteurs jaloux, aux amants perfides; leur simulacre seul pourrait combattre et faire tomber tout ce dévergondage qui existe aujourd'hui dans nos romans, où les auteurs s'efforcent, non de se surpasser par la sublimité, mais par l'infamie!

Bercés par de semblables idées, ayant toujours à l'esprit les faits de ces chevaliers, il n'est donc pas surprenant que l'imagination de nos pères ait enfanté ces spectres, ces enchanteurs dont nous parlent les anciennes chroniques; ces apparitions fantastiques dont elles sont remplies ne furent pas, comme on pourrait le croire, inventées pour servir de jeu ou pour orner des ballades; elles furent propagées par les prêtres, pour effrayer le peuple; elles prirent naissance dans ces siéges meurtriers qu'essuyaient les cloîtres, lorsqu'ils voulaient secouer le joug auquel les assujétissaient les archevêques : Là, l'on voyait d'un côté, d'intrépides guerriers faisant retentir les murs du son lugubre du bélier, tandis que les moines assiégés, avec la valeur des héros, mouraient pour leur indépendance, les armes à la main. Lorsque le combat devenait indécis et que le cloître menaçait de succomber, lorsque les guerriers, qu'animaient la colère et le fanatisme, se disposaient à donner l'assaut et à tout passer au fil de l'épée, quelle était la surprise de l'assemblée de voir ces mêmes soldats, jetant leurs armes, se précipitant à genoux à la vue des reliques d'un saint que leur présentaient les assiégés! De vainqueurs qu'ils étaient, ils prenaient la fuite comme des vaincus : c'est là vraisemblablement l'origine de ces idées cabalistiques du moyen âge.

Les monuments de cette époque étaient plus faits pour inspirer la poésie que ceux de nos jours; l'âme éprouvait sans cesse de nouvelles sensations qui devaient faire naître des idées philosophiques. Examinons les pièces fugitives des troubadours et même des poètes, l'on trouvera à chaque page des pensées sublimes rendues grossièrement, il est vrai; mais qu'on veuille les examiner, qu'on les traduise, et l'on verra que de nos jours il ne paraît point d'idées aussi grandes ni d'aussi profondes! Qu'on parcoure les fables et les poésies de Marie de France; le roman de Clotilde aux longs pieds; le Champion des Dames, de Martin Franc, le Songe de Poliphile, de François Colomne; la Légende de Pierre Faifeu; l'entrée de Louis XII dans la ville de Bresse, de Jean Marot; les Sonnets d'Antoine de Baïf, et l'on sera convaincu de cette vérité, qu'ils étaient plus poètes que nous. Effectivement, rien ne frappait plus les regards que ce castel surchargé de créneaux : le silence de la nuit n'était troublé que par le bruit régulier du pas des sentinelles, la lune frappait sur ces ponts-levis, sur ces chaînes, sur ces hallebarbes ; dans cette demeure de la puissance régnait de tous côtés la méfiance, la crainte, l'effroi, tandis qu'auprès de ce château, s'élevait la modeste et légère cabane du serf, tout y paraissait tranquille, rien ne semblait troubler le sommeil du pauvre : ce contraste devait faire naître des poètes.

La superstition est, a-t-on dit, un des plus grands fléaux qui aient accablé le moyen âge, cette vérité ne peut être contestée ; il faudrait remarquer que chaque siècle doit avoir une physionomie particulière ; cette superstition qui, dans tout autre temps, aurait été un vice, ne l'était pas dans le moyen âge, car elle était en quelque sorte indispensable avec les mœurs des dix, onze, douze, treize, quatorze et quinzième siècles, elle coïncidait avec le caractère des chevaliers français : lorsqu'un paladin religieux, combattant contre un adversaire également chrétien, tombait victime de l'autre, s'il ne croyait point à la fatalité, il eût pu douter de l'appui de Dieu ; ce doute seul était un crime. — Si dans cette noble et sublime association fraternelle de deux hommes d'armes qui juraient et scellaient de leur sang l'engagement solennel de se défendre jusqu'au dernier soupir, il se fût trouvé quelques félons, il fallait bien que le prétexte de la fatalité n'empêchât cet ordre magnifique de se perdre, en opposant ce mot vide de sens à l'honneur du traître : c'est peut-être à cette superstition que nous devons les plus beaux traits de clémence, qui ont illustré la mémoire de la plupart des célèbres anciens.

Combien nous cite-t-on de faits remarquables produits par la superstition !

Souvent un guerrier aveuglé par la jalousie, préparant dans son cœur la plus horrible vengeance, s'arrêtait sur la foi d'un songe, qu'il croyait être le messager de la divinité ; sans cette croyance, le caractère sombre de nos pères les eût portés à la plus atroce barbarie, et cette superstition adoucissait l'aridité de leurs mœurs.

L'on s'est également fait une image hideuse de l'ancienne noblesse ; cette puissance chevaleresque épouvante même nos tyrans ; qu'on examine, et les plus ardents défenseurs de la liberté ne pourront s'empêcher de reconnaître l'avantage immense qu'avait cette tyrannie sur celle qui nous régit aujourd'hui. L'ancienne noblesse, maîtresse par droit de naissance, reconnaissant la prépondérance qu'elle avait sur les serfs, affectait la plus grande affabilité, et même, pouvons-nous dire que souvent il y avait parmi ces seigneurs, une bonhomie, une franchise et une honnêteté qu'on ne trouverait certes pas dans la nouvelle. Anciennement, un village, une commune, au lieu d'être régis par un préfet ou par un maire, l'étaient par un petit souverain, et nul ne respecte plus la propriété que le propriétaire.

Pour les monumens du moyen âge, nous devons taire leur beauté, car leurs éloges en ont été faits si souvent, qu'il deviendrait fastidieux de les réitérer de nouveau ; seulement, devons-nous dire que Strasbourg, Milan, possèdent des trésors de cette époque ; même aux portes de Paris, à Rouen, se trouvent des églises dont l'architecture est telle, qu'il est permis de douter qu'elles soient le travail de l'homme. L'église St.-Ouen, si elle n'est préférable, peut du moins être mise en parallèle avec Notre-Dame de Paris; mais le mot d'ordre est Notre-Dame, encore Notre-Dame, et toujours Notre-Dame; c'est, si l'on peut s'exprimer ainsi, le vaste colombier d'où prennent leur rapide volée, tous les ramiers romantiques.

Le moyen âge ne pourrait pas renaître au dix-neuvième siècle; Lutèce avec ses étroites rues, avec ses basses maisons et ses vastes marais, n'oserait plus se montrer à côté de l'élégant et trop régulier Paris, où bientôt une seule maison donnera l'idée exacte de toutes celles qui y sont; les mœurs de ces deux villes sont trop différentes; jadis, une femme n'osait se compromettre seule dans une rue; aujourd'hui elle a l'assurance d'un homme. Jadis les crimes étaient commis avec toute la franchise possible : c'était sur une place publique, en présence d'un nombreux groupe de spectateurs, qu'on condamnait ou au feu ou à la torture, comme hérétiques, les criminels politiques. Aujourd'hui c'est dans une sombre prison, à l'aide de l'hypocrisie, que l'on supplicie les malheureux; les sciences naissaient, aujourd'hui elles sont sur leur déclin; en un mot, pour finir, le moyen-âge est au dix-neuvième siècle ce que l'éclair est à la foudre : le premier ne fait qu'éclairer, la seconde consume en éclairant!

LE

ROMAN DE LA ROSE.

Traduction libre.

*

PRÉLIMINAIRE.

C'est une erreur à vous de traiter de mensonge.
Le bonheur que nous offre un délicieux songe;
Le malheur nous accable et la douleur nous suit,
Malheureux tout le jour, soyons heureux la nuit!

Croyons pour être heureux! Voyez, Macrobes même [1]
Décrit la vision de ce maître suprême,
Encor dans le berceau l'ennemi des Romains [2],
Qui conduit jusqu'à Rome un essaim d'Africains.
D'un heureux avenir croyons la providence
Et toujours dans un songe ayons tous confiance;
Car il est le courrier de la Divinité,
Lui-même il nous prédit notre félicité.
Depuis que je naquis, vingt printemps s'écoulèrent
Quand les fils de Vénus de mon cœur s'emparèrent.
Couvert, enveloppé des ombres de la nuit,
Morphé de ses pavots couvrit tout mon réduit :
Je vis l'amour en songe annonçant sa victoire,
Me dire en souriant : abandonne la gloire!
Sois plutôt mon sujet; viens, apprends à rimer,
Connais donc le bonheur de plaire et de charmer!
Près d'une femme aimable abandonne la tiare;
Laisse là d'un chanoine un costume bizarre;

Prends d'un page amoureux le costume élégant.
Et sois de chaque belle un infidèle amant!
Mon songe s'accomplit; ici, je me repose,
Et t'offre, sexe aimable, un Roman de la Rose.

I.

Dans un de ces beaux jours qu'un ciel pur et serein,
Fait naître les mortels, engraisse le terrain,
Répand sur la nature une beauté nouvelle,
Et qui par l'art d'aimer la rend encor plus belle,

Je voyais par la rose étalant son bouton
Que bientôt reviendrait une heureuse saison.
Je voyais les buissons tout couverts de feuillage
Répandre sur la fleur un salutaire ombrage.
La forêt desséchée endurcie aux frimats
Semble être transportée en de nouveaux climats,
Par son verdoyant dôme où sa tige nouvelle
Promet un abri sûr à l'amante fidèle.
La terre, de l'hiver oubliant les rigueurs,
Goûtait du doux printemps les nouvelles douceurs :
La prairie émaillée, humide de rosée
Fait voir de cent couleurs l'harmonie observée :
Là, d'herbes et de fleurs, ah ! quel mélange heureux !
Pour nos yeux fatigués tableaux délicieux !
Les oiseaux par leurs chants, en déployant leurs aîles,
Répétaient leur bonheur et leurs amours fidèles :
Après, le rossignol sous la fleur se cachant,
Fait taire ses rivaux à son premier accent.

Tout s'aime et tout s'unit! l'univers est en joie!
Le plaisir dans les cœurs en tous lieux se déploie :
Enfin du mois de mai je voyais le retour;
Je voyais sur le globe un temple de l'amour.
Les troupeaux dispersés en liberté bondissent,
Tandis que des bergers les échos retentissent,
Des chants qu'à leur maîtresse ils répètent gaîment.

O vous qui n'aimez pas, quel est votre tourment?
Vous ne connaissez point le bonheur de la vie!

De ce tableau charmant mon ame était ravie;
J'aimais, j'étais aimé, je goûtais le bonheur
Et je n'apercevais qu'un avenir flatteur.
Lorsqu'à peine la nuit eut fermé ma paupière,
Un songe vint à moi conduit par le mystère.

Il vint d'abord vers moi me tirer de mon lit,

Dans un riant coteau lui seul m'introduisit :
J'écoutais des oiseaux l'harmonieux ramage,
Qui s'adressant à Dieu lui rendaient leur hommage.
L'amante de Céphale encor dans le repos
Confondait dans la nuit et la terre et les eaux.
Zéphire près de Flore abandonnant la plaine,
Aucun souffle en ces lieux n'agit et ne promène.
La montagne par l'ombre aux cieux semblait s'unir :
L'écho en répétant semblait encor gémir.
La fleur parmi la ronce était là confondue,
La rose parmi l'herbe est à mes yeux perdue :
Et cet arbre immobile augmentant ce transport,
Je contemplais la nuit image de la mort.
Mais bientôt au levant un nuage se dore,
Et le sommet des monts lentement se colore;
Cette obscurité fuit d'un pas silencieux,
Tout se confond dans l'ombre et la terre et les cieux.
Le soleil paraissant dissipe les nuages;

Un rayon échappé planant sur ces rivages,
Éclaire une rivière où l'onde en murmurant,
Près d'un rocher brisé, qui suspend son courant,
S'arrête un seul moment et ressort bouillonnante,
Traînant à grands fracas l'herbe et l'onde écumante.
Ailleurs, c'est un ruisseau qui baignant le gazon
Embellit par ses eaux les fleurs de la saison.
Là, le soleil pompait cette douce rosée
Et dardait sur la terre encor fertilisée.
Je contemplais ces bois et j'admirais ces prés,
Lorsque par un château mes yeux sont arrêtés :
C'était un monument tout couvert de bastilles,
Dont les portes, les ponts, étaient remplis de grilles.
De vingt portraits divers j'apercevais les traits,
Et bien facilement je connus ces portraits.
Le premier que je vis, je distinguai la haine,
Sous les traits d'une femme orgueilleuse et hautaine :
Au front pâle et ridé, regard dissimulé,

Ayant la bouche ouverte et le nez tout crispé.
Sa tête de serpents était entortillée,
Sa figure, de plis était toute souillée.
Sous un large manteau se trouvaient confondus,
Les vices réunis, aucune des vertus.

. . . .

A côté de la haine était la félonie,
Femme, épouse rebelle, au droit public unie;
Son image frappante inspirait la fierté,
Elle ne chérissait rien que la liberté;
Pour cette égalité que donna la nature,
En femme dévouée et bravant l'imposture,
Armait contre un seigneur que le crime illustra
Le paysan vertueux que ce prince opprima....
Haïssons-la, Français! ne suivons point son rang;
Voyez de toutes parts, ces cris confus, ce sang!..
C'est un fils expirant sous les coups de son père,
C'est un frère expiré sous les coups de son frère!

Malheur, cent fois malheur! aux êtres criminels,
Qui sur des morts français élèvent leurs autels!
Ici, je remarquais une femme orgueilleuse;
Rien que sur son honneur elle était généreuse,
Détruire l'union faisait tout son bonheur;
On voyait auprès d'elle approcher la douleur.
Sous des lambeaux affreux cachant un corps livide;
Enviant le plaisir, mère du suicide,
En semant la discorde elle se pavanait,
Le terrible démon la vilainie était.

Ailleurs, c'est une femme et belle et séduisante,
Ayant pour nous tromper une force puissante.
Comme un cruel serpent se cachant sous les fleurs,
D'abord par le plaisir elle embrase nos cœurs;
Bientôt l'ambition, maîtresse de notre ame,
Nous fait abandonner une amoureuse flamme :
Nous fait près d'une table où plane le hasard,

Chercher de la fortune une brillante part,
Ou nous fait trafiquer sur la douleur humaine.
« J'aurais assez bientôt! Mais c'est parole vaine! —
Plus tu posséderas, plus tu voudras avoir,
Pour un sou parisis reconnais ton devoir :
Arme contre le pauvre un avocat habile. »
A sa grande puissance il n'est rien de stérile;
Où l'ambition parle, obéis à l'instant,
Tel est de tous mortels le malheureux accent.
Quelle est cette déesse et maigre et si chétive,
Dont on entend de loin la voix triste et plaintive?
Ah! c'était l'avarice assise en son réduit,
Point de repos le jour, point de sommeil la nuit;
Dans une pièce obscure inspirant la tristesse,
Je voyais tout cet or qu'admirait la déesse;
De ses avides yeux les contemplant toujours,
Au bruit de son haleine elle crie au secours.
Vingt morceaux réunis tout couverts de poussière,

Rendant ce lieu si riche un endroit de misère ;
Couvraient une partie à peine de son corps :
De ses traits décharnés l'argent est les décors.
La faim la tourmentait ; mais quitter sa fortune
Mieux vaut toujours souffrir cette faim importune.

. . . .

Près d'elle je voyais un monstre plus ancien
Qui ne me regardait qu'avec un grand dédain ;
Sur ses mains appuyait sa tête appesantie ;
Sa bouche de vipère, était toute remplie,
D'où tombait un serpent qui lui rongeait le sein :
Par sa griffe elle veut l'en arracher en vain,
La fureur dans ses traits augmente l'épouvante,
Par ses cris déchirants la montagne est tremblante.
Son teint pâle et plombé rougi par la fureur,
Fait sortir de ses yeux des pleurs, des pleurs d'horreur,
Dont le sang écumant jaillit à vingt pas d'elle :
Le serpent est vainqueur, la morsure éternelle !

Elle veut de ce globe admirer le malheur!
Eh bien! c'était l'envie excitant la douleur.

A côté se voyait une femme jolie
Qui sur tous les plaisirs long-temps s'est assoupie :
Un infidèle amant a troublé ses beaux jours,
Elle pleure l'ingrat, le pleure pour toujours!
De ses yeux abattus il ne sort plus de larmes,
Ses soupirs, ses sanglots forment toutes ses armes.
Une pâleur mortelle enveloppe ses traits,
La mort et le néant, voilà tous ses souhaits!
A ses genoux tombaient ses cheveux en désordre,
Ses habits dispersés dans un singulier ordre,
Sous un habit de deuil, aussi noir que son cœur,
Se trouvaient attachés. Elle fuit la douleur,
Qui la suivant toujours de son cœur est maîtresse :
O toi, sexe enchanteur, redoute la tristesse,
Regarde cette belle et vois tous ses chagrins :

Ses traits jadis si beaux n'ont plus rien des humains.
Dans un réduit obscur elle fit sa demeure,
Pour elle une seconde est plus longue qu'une heure.
Vous qui voulez avoir des jours purs et sereins,
Contemplez donc du ciel les innombrables biens!
Redoutez la tristesse et n'y soyez en proie,
Que toujours la gaîté vous tienne dans la joie!

La vieillesse près d'elle approchait à pas lents;
Sa tête demi-chauve et ses cheveux tout blancs
Imposaient ce respect qu'on doit à la vieillesse;
Ses accents douloureux inspiraient la tristesse;
Elle pleurait les maux qui couvrirent ses jours,
De sa félicité qui tarirent le cours.
Sur sa canne appuyée et la tenant à peine
Sa main toute tremblante en vingt endroits promène.
Par son expérience elle hait les mortels,
Et les regarde tous comme étant criminels!

Le temps, roi juste et sage, ami de la justice,
Publiant les vertus, découvrant l'artifice
Retirant de la nuit l'auguste vérité,
Et faisant triompher la sainte liberté;
Aveugle aux préjugés, il terrassa nos pères,
Rois, empereurs, sujets, dans la tombe sont frères.
Semblable à ce torrent qui du haut d'un rocher
Entraîne dans sa chute et l'arbre fier, altier.
La fleur épanouie et l'herbe malfaisante,
Et les écrase tous de son onde écumante :
Tel est le temps! il passe, et terrasse à la fois
Et le marbre et la pierre, et les humains, les lois.
Mais hélas! la vieillesse est toujours malheureuse;
Après avoir vécu d'une existence affreuse,
N'avoir vu triompher que l'inégalité,
Sans asile et sans bien et sans la liberté,
Il espère au bonheur... Mais une triste enfance
Vient lui faire oublier ce que l'expérience

Avait jadis appris. Bravons tous les malheurs
Au ciel nous goûterons de la paix les douceurs.

Sous un masque dévot était l'hypocrisie,
Au pied des saints autels elle passait sa vie.
Le psautier à la main, les regards vers les cieux,
De cœur ami du diable, en public des vrais dieux.
Le masque était riant, mais sa figure hâlée,
Qui par un capuchon se trouvait habillée,
Ne respirait que crime, haïssait les vertus,
Détestait les humains et ne s'aimait pas plus.
Détruire, ensanglanter, telle était son envie,
Et tout bonheur d'autrui formait sa jalousie.
Semblable au crocodile en un réduit caché
Il veut tromper le faible implorant la pitié.
Mais Dieu sait distinguer le dévot de l'impie,
Et la dévotion de cette hypocrisie,

Qui dénature l'homme et qui toujours le rend
Non comme le lion, mais comme le serpent.

Derrière ces maux, mais à quelque distance
La pauvreté marchait dans un profond silence :
Pas un seul vêtement, le froid la torturait,
La douleur l'accablait, la faim la tourmentait;
Un seul sac fort étroit tout rempli de miette,
Montrait à quel degré se trouvait sa disette.
Elle allait à pas lents et comptait les instants,
De ces maux réunis c'était un des enfants.

❀

II.

J'arrivais en silence en ces lieux de délice,
De mes yeux éblouis je suivais le caprice.
Enchanté du palais je désirais entrer,
Pas d'issus, pas de porte, il fallait retourner;

Lorsqu'aussitôt un pont, léger, plein d'élégance,
Me conduit en ces lieux où vivait l'abondance.
L'amour y folâtrait; le concert des oiseaux,
L'odeur de toutes fleurs, le murmure des eaux,
Le bruissement de l'arbre et l'écho qui répète
Le bruit que fait l'amour, qui, dans un buisson guette
L'innocence qui vient pour cueillir une fleur.
Séjour délicieux, que tu gagnas mon cœur!
Suivant mille sentiers tout parsemés de rose,
Enivré de plaisir enfin je me repose.
J'aperçois un chemin étroit, silencieux,
Me faisant tressaillir par un long calme affreux.
Je m'approche et je vois comment la dame oiseuse
Écoute avec plaisir la voix harmonieuse
De l'amant qui l'appelle au lieu du rendez-vous:
Allez, l'amour est là! fillettes, garde à vous!

Cet amant qui frappait, ici, vous le dirai-je?

C'était moi qui l'aimais, elle qui me protége.
A peine sur le fer ai-je frappé deux fois,
Que je l'entends marcher et que j'entends sa voix.
De vingt printemps parée une femme élégante,
Au teint blond et fleuri, de grace éblouissante,
Se présente à mes yeux. Des cheveux couleur d'or,
Qui par l'art arrangés, étaient plus beaux encor,
Mettaient à découvert un front plein de noblesse.
Des yeux comme l'ébène où brille la mollesse,
Sortaient sur sa figure où la douce blancheur,
Est semblable à la neige, au duvet d'une fleur :
Une bouche charmante où roulait le sourire,
Semblait d'un : je vous aime, être prête à le dire.
Son maintien noble et fier inspirait tour à tour
Le devoir, le respect, la luxure et l'amour :
Jamais sur l'univers parut une mortelle
Qui pût sans se voiler se tenir auprès d'elle;
L'aurore à ses côtés semblerait sans éclat,

Il faudrait que Vénus auprès d'elle arrivât,
Pour être en un moment par Oiseuse éclipsée :
Sa beauté surpassait ce que peut la pensée.
D'un costume élégant s'embellissant encor
Non pas de diamants, de pierrerie et d'or,
Mais les fleurs qui des champs sont la simple parure,
Donnaient de la souplesse à sa belle tournure.

Mais pourquoi donc, lui dis-je, avoir mis les portraits,
Dans ce jardin charmant, des mères des forfaits?
L'uniforme beauté pour toujours nous ennuie,
Me dit-elle aussitôt; embellissons la vie,
Sachons par les tourments à chérir les plaisirs,
Le bien toujours constant nous donne des désirs :
Connaissons les vertus et les vices encore,
Car l'on aime à savoir tout ce que l'on ignore.
Qui pourrait éviter ce qu'il ne connaît pas?
L'aveugle ne sait point où se portent ses pas.

Maîtresse du château j'y fis planter ensemble
Et la rose et l'épine, et le cèdre et le tremble;
J'appelai d'une voix le rossignol, le paon,
Le ramier, le vautour, la tortue et le faon;
J'admire du premier l'harmonieux ramage,
Le second m'éblouit par son brillant plumage,
Je vois la cruauté, j'y contemple l'amour :
Aux sentiments divers me livrant tour à tour,
Je connais des plaisirs les diverses nuances.
  Mais déjà comme moi, je le vois, tu balances:
Ici c'est la tristesse, allons vers le plaisir,
Oublions le passé, courons vers l'avenir.
Après tous les soupirs de la mélancolie,
Près du plaisir mon ame est doublement ravie.

En me disant ces mots, s'approchant du miroir,
Elle veut doublement s'admirer et se voir :
Arrangeant ses habits avec sa main légère,

Par un regard coquet elle voulait me plaire.
Un chapeau bien tressé, par une rose orné,
Par mille simples fleurs tout entier couronné,
D'un reflet agréable ombrageait son visage;
Une rose charmante attachait son corsage.

Sans me dire aucun mot, ouvrant un beau verger,
J'admirais seulement, je ne pouvais parler;
Ma bouche se taisait, ma langue était glacée;
Je voulais avancer, ma marche est arrêtée.
Je crus qu'au paradis on m'avait transporté,
Car en ces lieux charmants tout n'était que beauté!
Du chant de mille oiseaux j'écoutais l'harmonie;
Je contemplais encor cette immense prairie,
Couverte par les fleurs et par tous les roseaux
Qui, se courbant entr'eux, cachaient les doux ruisseaux
Dont le léger murmure augmentait mon délire.
Et ces lieux enchantés, et l'air que j'y respire,
Tout préparait mon ame à de nouveaux bonheurs!

Je n'étais plus moi-même en ces lieux enchanteurs,
Lorsqu'aussitôt Oiseuse approchant en silence
Vint donner à mon cœur la douce jouissance.

Sous un nuage épais que je vis dissiper,
J'aperçois cet endroit qui devait me charmer.
Une grotte profonde où la simple nature
Prodiguait ses présents pour former sa parure;
L'entrée était cachée et brillait sous les fleurs,
Et qui se confondant mélangeaient leurs couleurs.
Un limpide ruisseau d'un murmure agréable
Traversait en tous sens ce lieu si délectable,
Et réflétait encore et les fleurs et l'azur
Qui donnent en ces lieux un abri toujours sûr.
Auprès d'une fontaine où l'Amour et sa troupe,
Formant pour mieux tromper du marbre un léger groupe
Déduit était assis, ayant à ses côtés
Les talents, les vertus, ainsi que des beautés :

Un nuage éclatant, d'une vapeur légère
Enveloppant ce lieu, le rendait solitaire.
D'une barbe tombante, et de fleurs couronné,
D'un transparent manteau Déduit était orné.
Liesse est près de lui, de sa cour la plus belle,
Elle obtint de Déduit une faveur nouvelle;
Ses cheveux retombant se traînaient sous ses pas,
Une gaze légère ombrageait ses appas :
Courtoise, sa rivale, enviait son amie,
Et veut par ses talents éclipser l'ennemie.

❃

III.

Ailleurs mille beautés, par leur danse et leurs jeux,
Cherchaient à captiver un regard amoureux.
Liesse est noble et fière, et, d'une voix divine,
Répète en gémissant, d'une amante plaintive,

Les douleurs de l'oubli de son cruel amant,
De son cœur malheureux le pénible tourment.
Ses yeux semblaient pleurer; de passion émue,
A ses accents divins notre ame se remue,
Chacun l'écoute encore et chacun l'applaudit,
Mais qui la flatte plus? Le baiser de Déduit!
Aux accents de Courtoise une troupe folâtre,
De roses couronnée, arrive quatre à quatre,
Tenant dans leurs filets un amoureux berger
Que le fils de Vénus éloigna du verger.
De blanc, de bleu, d'orange, et de vert et de rose,
Chacune avait en main une fleur demi-close :
D'elle chacune prit l'emblême et la couleur,
Et même en leur costume elle imite la fleur.
Les unes se courbant, d'autres plus haut placées,
Par les diverses fleurs qui dans les airs jetées,
Formaient ou la cascade ou bien un beau jet d'eau.
Les bergers prisonniers, pour rompre ce tableau,

Recevaient dans leurs bras leurs nouvelles amantes,
Et par de doux baisers se passent les attentes
Du moment de la danse invitant le repos.
L'une comme Narcisse admire dans les eaux,
Sa beauté, son éclat, et meurt de jalousie;
En long gémissement, pleurant son agonie,
Toutes feignent pleurer cet horrible malheur,
Et toutes s'arrangeant imitent cette fleur,
Et ces mille beautés ne sont qu'une narcisse
Que les galants bergers cueillent avec malice;
De Vénus triomphante elles forment le char,
Se métamorphosant, et de suite avec art,
Cent tableaux variés offrant l'illusion,
Nous font des sentiments savoir l'expression.

Courtoise délaissée et méprisant l'envie,
Connaissant la gaîté, mais peu la jalousie,
Vient s'adresser à moi : « Beau berger, que fais-tu ?

Ici, dans les plaisirs, je te vois abattu!
Volons vers le bonheur; point de mélancolie!
Et dans la jouissance il faut passer la vie!
Viens, viens! sois mon berger, sois aussi mon amant;
Donne-moi de l'amour le doux embrassement! »
A cette voix divine obéissant de suite,
Viens, me dit-elle, viens! le plaisir fuit si vite;
Mettons sur son passage un filet sous les fleurs,
Arrêtons-le, s'il fuit, ne versons point de pleurs!
L'amour sur la coquille a préparé ses flèches,
De ses flambeaux éteints il allume les mèches,
Et comme un tourbillon de la terre exalté,
L'amour et ses suivants viennent avec fierté;
Ils quittent la fontaine, en répétant : Victoire!
Ils sont dans nos filets, compagnons de ma gloire!
Et la troupe enfantine en s'augmentant toujours,
Remplit dans un moment la grotte et ses détours.
Sur un char éclatant l'amour est sur son trône,

Les Graces sur sa tête ont posé la couronne;
Il donne à chaque Amour deux arcs et deux carquois,
Devant à l'univers montrer toutes ses lois.
Un arc était brillant, une corde dorée
S'adaptait aux deux bouts et la tenait courbée,
Les flèches du carquois sont de plumes de paons,
Leurs traits sont tous dorés, aussi qu'ils sont perçants!
Mais d'un simple roseau, d'une corde commune,
Ayant un dard de fer, des colombes la plume,
Telle était l'autre armure, ah! que ses traits sont doux!
L'Amour est un volage, aussi l'adorons-nous :
Connaissant des humains le vice et la faiblesse,
Il éblouit par l'or les rois et la noblesse;
Par la rose et les fleurs il trompe les bergers;
Par la vaine espérance il commande aux nochers :
Aussi ses flèches d'or atteignent la puissance,
Qui tremblante et défaite oublia la naissance;
L'une, bravant l'orgueil, fait donner au berger,

D'une princesse aimable un amoureux baiser ;
Conduit un jeune prince à l'humble chaumière
Où dort sous le feuillage une simple bergère.
L'autre de l'avarice a brisé le pouvoir,
Il enseigne à l'avare à chérir son devoir :
Le rend même prodigue auprès de ses maîtresses,
Pour plaire à son amie il répand ses largesses.
L'autre étouffe la honte, annonçant l'art d'aimer :
Au censeur philosophe il apprend à charmer.
Sa science n'est plus près du sexe adorable,
Et d'austère Héraclite il est amant aimable.
L'autre perce le cœur de l'être ambitieux
Qui voudrait gouverner et la terre et les cieux ;
Il voit fortune, honneur, sa maîtresse chérie,
La flèche le conduit vers sa fidèle amie :
Et la dernière, enseigne à venir criminel ;
Combien de malheureux conduit-elle au cercueil ?
Par l'appât de cet or, on devient adultère ;

L'époux trompe l'épouse, et sa main sanguinaire
De jalousie empreinte a tranché ses beaux jours.
Semblable à ce torrent détourné de son cours,
Et qui se débordant traverse la prairie,
Enlève à son amante une brebis chérie,
Déracine le chêne, emporte les rochers,
Qui se précipitant écrasent les vergers,
Foulent les fleurs, les fruits, inondent les campagnes!
Arrachent aux époux leurs fidèles compagnes,
Tel est l'amour cruel, il ne connaît de frein!
Tel l'on nous peint le temps ayant sa faulx en main,
Tel vous voyez l'amour destructeur et barbare,
Non le fils de Vénus, mais celui du Tartare.
Les autres arcs étaient pour fléchir la beauté,
Pour donner à l'amour toute simplicité:
L'une rendait l'amante au berger insensible;
Celui-ci délaissé, par un regard pénible,
D'un reproche: Ah! cruelle, as-tu donc oublié

Le jour où tu disais : Je t'ai toujours aimé !
Tous les deux s'embrassaient, leur ame était ravie !
Un bonheur trop constant enfante l'agonie,
Aux mélanges toujours on connaît le plaisir,
Rien ne charme nos cœurs comme un doux souvenir !
L'autre flèche enseignait à se couvrir de gloire,
Pour, sur un noble cœur, emporter la victoire.
Ces flèches nous montraient à connaître l'amour,
Et de tous ses plaisirs l'innombrable détour :
Sous l'habit d'un seigneur il montre un domestique,
Il vêt un grand prélat d'une ceinture étique.

Mais l'amour vainqueur fuit, l'ordre se rétablit;
Sur un char éclatant la beauté descendit :
Deux cygnes la traînaient, elle avait pour parure,
Non l'éclat des bijoux, mais la simple nature.
La richesse auprès d'elle est descendue aussi;
La richesse à beauté fut préférée ici,

La mère de l'amour est pour nous dédaignée,
La beauté sans richesse est par nous méprisée.

Dans un salon superbe, orné par les humains,
Présentant des tableaux, le travail de leurs mains,
La richesse introduit toute notre assemblée,
Qui dans ce beau domaine était émerveillée.
L'éclat de la bougie au lustre s'unissant,
Et sur le diamant en se réfléchissant,
Confondaient leurs couleurs d'une clarté brillante
Qui laissait voir partout la beauté chancelante!
Auprès de la richesse étaient ses mille amants,
Rois, empereurs, prélats, même jusqu'aux manants.
Déduit et son amie adoraient la richesse,
Et tous courbaient leur front aux pieds de la déesse;
Dégoûté du plaisir de toujours la flatter,
Dans ce salon pompeux je ne puis demeurer;
Où n'est la liberté trouve-t-on un asile?

Mieux vaut la pauvreté dans un pays stérile,
Que l'avide richesse au sein de ses plaisirs,
Quand à toujours flatter on passe ses loisirs!
Je quittais en secret cette brillante fête :
Arrivé dans le bois, j'y rencontrai Nicette,
Jeune, jolie, aimable, ayant dix-huit printemps;
Sa figure allongée et ses yeux bleus brillants,
Embellissaient encor ses lèvres si vermeilles
Où l'éclat d'une rose est éclipsé par elles.
Un sourire agréable où planait la douceur,
D'un profond sentiment enthousiasma mon cœur.
De l'aurore elle avait la blancheur, le sourire,
Et la naïveté sur sa bouche respire.
Un élégant chapeau sur sa tête placé
Laissait à découvert un front haut bien formé.
Ce spectacle charmant n'est-il point préférable,
A richesse, à fortune? ah! plaisir délectable!
Ma Nicette, aime-moi, lui disais-je aussitôt!

Déjà près de ma mie un jeune damoiseau,
Et qui de la fortune oublia la puissance,
Goûtait à ses côtés la douce jouissance.
Et moi qu'un seul moment la fortune a troublé,
Je fus par ma Nicette oublié, délaissé;
Et moi triste, abattu, je suivais l'infidèle,
Qui méprisant mes feux, à mon amour rebelle,
D'un regard seulement n'honora point mon cœur;
C'est dans la solitude où reste le bonheur.
Tous les deux vers un bois leurs pas se dirigèrent,
Sous un laurier fleuri tous les deux se placèrent.

IV.

Dans ce bois enchanté, demeure des amours,
Le plaisir et les jeux le fréquentaient toujours.
Sur le gazon fleuri se trouvaient cent bergères,
Abandonnant leurs chiens, leurs troupeaux, leurs
chaumières,

Venant près des amours demander un amant,
Pour partager encor leur plaisir, leur tourment.
Le soleil en ces lieux ne flétrissait la plaine,
Car ses rayons brillants n'arrivaient qu'avec peine.
L'énorme cocotier de ses larges rameaux
Ombrageait la prairie et tous ses fruits nouveaux.
La grappe du datier par ce poids immobile,
S'unit au bananier dont le tronc si flexible
Agité par zéphyr se plaint en gémissant.
L'odorant cafier, l'ananas élégant,
Le parfum des ledchis, la muscade si sombre,
Par le palmier cachés se confondent dans l'ombre.
Le ruisseau murmurant entraîne mille fruits,
Qui tombés de leur tige inondent ces réduits.
Zéphyr d'un pied léger, à la suite de Flore,
De son aile rapide et de ses mains encore,
Il répand sur la terre un souffle harmonieux,
Qui jette dans les airs un frais délicieux.

Derrière est un torrent dont les ondes limpides,
Bien plus que les amours sont cruelles, perfides;
Cent vaisseaux y voguaient conduits par des enfants,
La voile déployée et menés par les vents;
Ils sillonnaient les eaux qui d'une voix plaintive,
Font un léger passage à la poupe si vive;
Mille amants s'embarquaient, et l'amour pélerin
Leur montrait le passage en leur donnant la main.
Leur maîtresse auprès d'eux étroitement serrée,
Sans craindre le naufrage entraient émerveillée
Dans le vaisseau charmant tout couronné de fleurs,
Où pendaient en tous lieux, ne formant qu'un, deux cœurs
A Cythère, ils allaient faire un pélerinage.
Mais bientôt l'onde écume et précède l'orage,
Les vents avec fureur écrasent les vaisseaux,
Et l'amour rit encore à ces malheurs nouveaux.
Déduit et son amie, et la troupe amoureuse,
Après cette tempête, à cette rive heureuse,

Arrivent en silence en ces lieux de douceurs;
Ah! quel gémissement! quel soupir, que de pleurs!
Fillettes, n'allez plus à ces lointains rivages,
Surtout dans les plaisirs redoutez les naufrages!

La troupe consolée en cessant de pleurer,
Le plaisir à l'instant vient de recommencer.
Je m'éloignais encor de la fête bruyante,
Dans l'ombre et le silence en cherchant une amante :
Je vis sous un rocher un ruisseau gémissant,
Qu'ombrageait un cyprès; une fleur se cachant,
Courbait vers le ruisseau sa tige appesantie :
La terre en longs soupirs se désole et s'écrie :
« O Narcisse, ô Narcisse! » hélas, cris superflus!
L'écho lui répétait : « Il n'est plus, il n'est plus! »

V

Narcisse, jeune berger,
Aux Nymphes avait su plaire,
Et toujours il fut sourd à leur vive prière;
Il avait l'art de plaire et non celui d'aimer.

7

Près des bords du Céphise,
Où son onde légère arrive en murmurant,
S'arrête en écumant,
En cent ruisseaux se divise,
Traînant dans la forêt tout leur flot gémissant,
Narcisse poursuivait l'ami de Cyparisse,
Excitant contre lui tous ses chiens furieux :
Et l'animal craintif maudissant le caprice,
Dans la grotte d'Écho se crut à l'abri d'eux :
La jeune hospitalière,
Par des soins empressés,
Voulut faire éloigner la troupe meurtrière :
Quelle surprise, ô ciel! ses traits sont altérés!
Jamais la jeune Écho ne vit autant de charmes :
Immobile, elle contempla,
Narcisse qui s'arrêta,
Balançant une rose et soutenant ses armes.
Dans sa grotte profonde où les fleurs s'enlaçant,

Répandaient sur sa couche un agréable ombrage,
Écho lui montrait le passage,
Mais l'ingrat!... Il veut fuir!.. Il n'était pas amant!
Dans les bois, dans la plaine, en cette antique rive
Où l'infidèle allait,
Il entendait
De l'amoureuse Écho la voix triste et plaintive.
Ses pleurs ne pouvaient pas fléchir ce cœur d'airain!
Un jour dès l'aube du matin,
Bien avant que l'aurore aux jolis doigts de rose,
N'eût d'un voile transparent
Éclairé le firmament,
L'invincible en ces lieux se repose :
Il voit la jeune Écho pleurant près d'un rocher;
Sa tête se courbait jusque sous le feuillage;
Ses pleurs inondant son visage
Semblaient vouloir le cacher.
Elle voit Narcisse et l'appelle :

Mais c'est en vain!
L'infidèle
N'avait pas un cœur humain.
Dans sa grotte retirée,
En invoquant les dieux,
Élevant sa voix jusqu'au cieux,
Elle fut métamorphosée
En aride rocher,
Toujours prêt à gémir, à répondre, à pleurer
L'ingrat qui l'a trompée!
La vengeance des dieux
Sur Narcisse était préparée;
Vers de légers ruisseaux,
Dont l'onde perfide,
S'arrêtant parmi des roseaux,
Présentait en tombant une glace limpide
Conduit par Apollon y vint, l'indifférent!
A peine se voit-il dans ce miroir mouvant,

Que transporté de ses charmes,
Aussitôt de lui-même il devint amoureux;
Combien l'ingrat versa de larmes!
Combien il devint malheureux!
Près de cette fontaine,
Nuit et jour il vint gémir,
Et son cœur toujours dans la peine
Ne goûta plus de plaisir :
Son destin malheureux fléchit une déesse :
Junon fit cesser sa détresse,
Et cette fleur qui s'épanche dans l'eau,
Dont la tige légère est semblable au réseau,
C'est Narcisse lui-même,
Contemplant ce qu'il aime.
Par cet exemple, dis-je, amants sachons charmer,
C'est peu de savoir plaire, il faut savoir aimer.
Lorsque de nos refus la triste amante expire,
Quand par l'indifférence on répond au sourire,

La vengeance du ciel en tous lieux nous poursuit;
Elle nous cherche encore en notre obscur réduit.
Je contemplais cette eau dont le plaintif murmure
Répandait en coulant une onde claire et pure;
Je m'éloignais soudain par la crainte emporté,
Je redoutais le sort de l'amant expiré.

En cet obscur séjour où réside la peine,
Silencieusement Zéphyre se promène,
Agitant le rosier, faisant tomber la fleur,
A peine éclose encore et jouet du malheur :
Mille bosquets charmants répandaient leur ombrage
Sur l'onde gémissante, et bordaient son rivage.
Tout respirait la crainte et l'effroi, la douleur;
Tout paraissait craintif, même la simple fleur,
Par l'aquilon cruel arrachée à sa tige,
Avant d'être foulée en se tournant voltige.
L'amour sous ces bosquets a placé ses filets;

Sous les rosiers fleuris il a jeté ses rets :
Et loin de cet endroit, en tenant une corde,
Accroupi sur lui-même et par les fleurs il borde
Les lieux où se cachant il voit tous les amants
Attendre leurs maîtresse en répétant leurs chants.
Semblable à cet enfant qui dresse à la colombe
Un perfide panier qui sur elle retombe,
Aussitôt que la faim où se trouvent ses fils
La conduit près du piége où tous lui sont ravis.

❀

VI.

Quel spectacle agréable! une rose charmante
A peine épanouie et de grace éclatante,
Conservant du matin la douce humidité,
Par un arbre caché conservant sa beauté ,

Étalait à mes yeux une couleur vermeille,
Que respectait encor la bourdonnante abeille.
Ah! cruel que je suis, je voulais la cueillir,
Mais l'épine et les roncs me firent tressaillir :
Je les bravais encore et ma main trop cruelle,
Croyait l'avoir cueillie et ne craignait plus d'elle,
Et sa branche épineuse et les chardons touffus
Qui laissaient à mes yeux tous ses appas perdus.
Semblable à ce chasseur qui pour trouver sa proie,
A préparé son arc, sa corde se déploie;
Lorsque le faible oiseau se croit en sûreté
C'est alors qu'il expire et qu'il tombe percé.
C'est ainsi que l'amour a guetté sa victime;
Je croyais la tenir, mais pour punir mon crime
Le dieu d'un de ses traits a déchiré mon cœur :
Tu chériras, dit-il, de l'amour la douceur;
Cours près de la beauté, mais quitte cette rose,
De la cueillir jamais, sujet trop rebelle, ose!

Aussitôt des douleurs ton destin déchiré
Te feront de l'amour connaître la fierté!
Par la rose ébloui je bravais ces paroles,
Et je m'approchais d'elle! ah, plaisirs trop frivoles,
Qu'un moment de bonheur est suivi de regrets!

Infidèle à l'amour il prépare ses traits :
Et la flèche espérance en déchirant mon ame
Me fait en gémissant doubler ma vive flamme :
Pour la cueillir encor je m'approche soudain,
J'espérais que l'amour se lasserait enfin.
La prodigalité succède à l'espérance,
Elle embrase mon cœur, y jette la vengeance :
Pour ôter ces chardons je prodigue de l'or,
Même pour ce métal je n'eus point ce trésor.
La flèche, l'art d'aimer vint aussitôt me dire :
Donne sans hésiter des pleurs pour un sourire :
Ne crains point de montrer au monde un cœur percé;

Le sexe aima toujours un cœur triste, enflammé!
La flèche ambitieuse accourt en diligence;
Viens! me dit-elle, viens! reconnais ma puissance!
D'abandonner la rose as-tu la lâcheté?
L'ambition te guide, oui! sois mon protégé!
La flèche criminelle arrivant aussitôt,
Douleurs et repentirs la suivirent bientôt;
De mon trop faible cœur ils se rendirent maîtres :
Dans mon sang inondé je bravais tous les sceptres
Posés par des amours pour arrêter mes pas :
Des monarques puissants admiraient ses appas,
Et l'univers entier conspirait pour me nuire;
Mais l'amour véritable aussitôt vint m'instruire.

Car mes yeux accablés se fermant de douleur,
Me laissaient voir encor l'affreux de mon malheur.
Aussitôt l'amour vint laissant son équipage :
Au pied de cet enfant, j'adressais ce langage :

Amour, reçois mon cœur! je n'aimerai que toi!
Je promets à l'autel d'obéir à ta loi.

❀

VII.

ria : je ris de ton malheur!
horrible as-tu donc mis ton cœur?
ıt aimer à l'amour doit le dire :
un baiser il aura le sourire.

Connais l'amour heureux, obéis à ses lo
Méprise ses amours et leurs affreux ex
Et n'en connais qu'un seul : c'est celui
Moi seul je suis l'Amour, car Vénus es
J'enseigne l'art d'aimer, je suis indépe
Les hommes sont égaux, il n'est point de
La paysane au cœur tendre est digne d'ê
C'est la simple beauté qui fit la souver
Aimez, dis-je aux humains, et vous sere
Si de l'amour caprice un respect odieux
Vous attache à ses pas, votre perte est
Vous tremblerez toujours dans la douleu
L'amour de la richesse est la source des
Mais c'est l'amour réel qui donne ces b
Tu veux aimer, berger? apprends à me
Et la félicité dans ton cœur va paraître.
Sire, lui répondis-je, ah! toi seul es mo
Je ne veux sur la terre obéir qu'à ta loi

le sent déjà, ce n'est point la fortune,
es bijoux, ni la place importune,
l'intrigue, où se placent les rois,
t le bonheur! tous, connaissons tes lois,
les toujours et restons leur fidèles,
es humains seront heureux sous elles!
nt ces mots je voulais l'embrasser,
t il me force à toujours l'adorer.

r nuage où tombait l'ambroisie,
en festons de fleurs toute remplie,
ıde rose ou des cœurs enflammés,
ıe flèche étaient entrelacés,
n char pompeux dont l'éclat de l'aurore
rnis brillant se reflète et le dore.
ait dessus, il était en vainqueur,
lait le monde avec certain honneur.
ı il tenait de Vénus la ceinture,

La foudre de Jupin, les aîles de Mercure
Du temps il prit la faulx, et dépouillant
Il commande en seul maître et la terre et le
Il attache à son char toute la cour célest
Oubliant Phaéton et son sort trop funest
Sur le char du soleil il conduit ses coursi
Lance sur l'univers de ses regards altiers
Des flèches qu'il envoie à la beauté rétive
Sous ses feux dévorants l'atmosphère est

J'approche vers l'amour, ses rayons lumi
Firent trembler mon corps et fermèrent n
Semblable à la mortelle amoureuse de l'a
Qui veut voir son amant en bienheureux a
Tressaillant de plaisir, admirant son écla
D'ivresse transportée oubliant son état,
Ce visage éclatant la brûle et la consume.
Cette mortelle et moi faisions cause comn

VIII.

Ami, reprit l'Amour, il me faut un otage,
Car de combien d'amants ai-je reçu l'hommage,
Qui devenus félons, oubliant leurs serments,
Ont méprisé mes lois et mes ordres puissants;

X.

Cupidon s'écria : soyez amant fidèle,
Aux ordres que l'amour envoie à la cruelle,
A ses commandements de suite obéissez!
Que bientôt sur la terre ils soient tous propagés.

Enseignez l'art d'aimer plutôt que l'art de plaire;
Apprenez aux humains qu'aux dieux il faut complaire,
Mais qu'à l'amour puissant il ne faut qu'obéir
Ou d'un œil effrayé d'entrevoir l'avenir?
Je veux te rendre heureux, je le veux, je l'ordonne:
Obéis en aveugle aux ordres que je donne.
Je vois tous les mortels poursuivre le bonheur,
Ils n'atteignent jamais que les maux, la douleur,
Recherchant le bonheur ils trouvent la fortune;
Et tous souffrent encor la richesse importune.
Vas, fuis la vilainie, elle ignore l'amour;
Apprends l'art de charmer, de plaire tour à tour,
A la femme indigente, à la dame orgueilleuse;
N'aime que la beauté simple et voluptueuse.
Si le sort t'a fait naître en un obscur réduit,
Pratiquant la vertu dans l'éternelle nuit,
Pour toujours restes-y, ne cherche la lumière;
Combien de criminels la douce aurore éclaire!

Si naissant sur un trône il te faut gouverner,
Par la seule justice apprends à commander :
Que le sang de ton peuple arrose pas la terre;
Si tu le fais verser crains l'arme meurtrière.
Si tu veux être heureux connais donc l'amitié,
Prends un fidèle ami, que tout soit de moitié :
Prends une amante aimable, et qui sage et touchante
Consolera ton ame encore chancelante;
Partagez vos plaisirs, divisez vos douleurs,
Par le malheur froissés tous deux versez des pleurs;
Enclin à la gaîté recommencez vos danses!
Tout n'est point que revers, il est des récompenses :
L'amitié fait aider l'embarras des grandeurs,
Elle aide à supporter tout le poids des douleurs.
Amitié don des dieux, vertu de nos villages,
Pourquoi donc as-tu fui la cour et ses rivages?
Inconnue à nos rois, mais non aux laboureurs,
Ce n'est qu'aux champs heureux qu'on goûte tes douceurs.

Pour égaler les dieux connais donc la clémence!...
Oui, de cette vertu reconnais la puissance!
Qu'il est beau, qu'il est grand, de savoir pardonner!
Forçons nos ennemis à nous idolâtrer!
O vertu si puissante, arrive jusqu'au trône,
De nos rois inhumains embellis la couronne!
Si les dieux t'ont fait grand avance avec fierté,
Tu naquis malheureux rampe avec dignité.
Ne crains point l'avenir, il rongera ta joie,
Aux malheurs accablants ne sois jamais en proie;
Des roses du printemps couronne le vieillard,
Cache ses cheveux blancs avec les fleurs et l'art;
Fais fuir le souvenir de sa lente vieillesse,
Par le plaisir navré qu'il croie à sa jeunesse.
Ah! crains l'ambition, la mère des forfaits,
Redoute et fuis toujours tous ses affreux souhaits:
En tous lieux la vertu se fait toujours connaître,
Au-dessus de Néron, Sénèque va paraître.

Quel est ce voile épais qui couvre l'univers?
Ces accents douloureux répétés jusqu'aux airs?
O douleur inouïe!!... ô silence effroyable!
Pleurez, mes yeux, pleurez! ce vieillard vénérable!
Ami, citoyen, père, aimant autant qu'aimé,
Par ses ennemis même on le voit regretté.
Plus puissant que ce roi qu'arma la tyrannie,
Qui monté sur un trône acquis par l'infamie,
Sait régner par la force ou bien par les horreurs,
Plus puissant que lui, dis-je, il règne dans nos cœurs!
Pour cueillir une fleur faut-il l'avoir semée?
Cette plaine sauvage en est tout parsemée!
Oui, pâle et desséchée à l'ardeur du soleil,
Sans cesse elle maudit de l'astre le réveil :
Mortels, arrosez-la..., comme elle devient belle!...
Voyez déjà sortir une tige nouvelle.
Rois ne soyez soleil, protégez la vertu;
Voyez ce philosophe encor tout abattu :

Dans d'affreuses prisons se consume sa vie,
Mais il supporte tout, c'est la philosophie.
Couronnez votre tête avec de simples fleurs,
Lorsque de la rosée ayant encor les pleurs;
Allez, dansez gaîment! cours près de ta maîtresse,
Ignore la raison ainsi que la sagesse,
N'aime que la vertu, n'obéis qu'à ma loi,
Amant je veillerai toujours auprès de toi!
Mais, répondit l'amant, comment fuir la sagesse?
Oubliant la raison, je verrai la tristesse;
Je veux devenir sage et je meurs de langueur,
Je veux ne plus aimer, tu possèdes mon cœur;
Je veux être inconstant, tu me fais infidèle,
Je jure d'aimer qu'une, et tu la rends rebelle
A mon sincère amour, à mes vœux empressés;
Comment donc obéir à tes ordres changés?

Si d'un fidèle amour ton ame est déchirée,

Ne pleure point la belle à tes vœux opposée;
Connais donc l'espérance, obéis à ses lois;
L'amour et l'espérance, amants, voilà vos rois :
Les douleurs de l'amour sont d'affreuses tortures,
C'est un trait qui sans cesse ouvre encor les blessures;
C'est un tonneau percé qu'il faut toujours remplir.
En semant les douleurs je plantais le plaisir,
Je laisse aux malheureux une douce espérance,
L'espoir d'être guéri soulage la souffrance.
L'amant infortuné n'invoque point la mort,
Il espère toujours, il voit un heureux sort:
La cruelle, dit-il, a craint de me le dire,
Elle n'aime que moi, ses yeux veulent m'instruire,
Oui, de tous ses amants je suis le plus aimé,
Et c'est pour m'éprouver qu'elle m'a dédaigné;
Elle craint de m'aimer, mais ses yeux la trahissent!
C'est en me regardant que j'ai vu qu'ils languissent!
Bercé par cet espoir, il consacre aux bonheurs,

Le moment où devaient se répandre ses pleurs;
Quand je prends de l'hymen la forme passagère,
Que je donne à l'amant une amante étrangère,
D'agréables couleurs je les peins tous les deux,
Je leur fais présager de l'hymen les doux nœuds.
L'amant dans son délire en voyant son Estelle,
S'écrie à tous moments: Ah! grands dieux! qu'elle est belle
Quel visage agréable, ah! quels beaux yeux brillants!
Voyez donc sur son cou tous ses cheveux charmants!
La vertu, la beauté, l'embellissent encore,
Ah! quand donc te verrai-je, amante que j'adore?
L'amante par l'espoir aperçoit Adonis,
La beauté, les talents en lui sont réunis.
Quand le moment arrive, adieu, c'est un mensonge;
Mais jusqu'à cet instant jouet d'un heureux songe,
Le prélude des maux fut au moins le bonheur.
L'espérance et l'amour doivent former ton cœur,
Par eux le monde vit, par eux tout cesse d'être,

Vous tous adorez-les, vos maux vont disparaître!
Voyez sur l'échafaud cet homme malheureux,
Même en courbant sa tête, il espert, meurt heureux.

Malgré ces beaux discours j'aimai toujours la rose;
Je voulais à l'amour dire encor quelque chose,
Quand, voyant ma pensée, il s'envola soudain
Me laissant sur la fleur beaucoup plus incertain.
Sur mon cœur déchiré je vis tomber de suite
Mille cruels amours, qui, reprenant la fuite
Après m'avoir dit : Quoi ! le traître t'a gagné!
C'est un affreux serpent des dieux abandonné;
Vas cueillir cette rose, enlève-la bien vîte.
Crains que dans le néant l'amour te précipite,
Il a juré ta perte, il veut que ton malheur,
Contente ton envie et cueille cette fleur.
Vers la rose fleurie en avançant mes pas,
Déjà je contemplais tous ses brillants appas,

Lorsqu'un voile léger et plein de transparence,
La couvrant en entier, ôta mon espérance.
Je ne puis la cueillir, je la voyais toujours;....
Malheur à vos sujets, ô perfides amours!

❀

XI.

Aussitôt Bel-Accueil, le fils de Courtoisie,
Me dit en souriant : Je connais ton envie,
Je veux la satisfaire; en suivant ce détour,
Tu trouveras derrière un temple de l'Amour,

Ombragé par un chêne, habité par des femmes
Qui voudront te séduire en étalant leurs charmes.
Alors d'un noir bandeau tu voileras tes yeux;
Fuis précipitamment ces adorables lieux :
Arrivé plus avant tu trouveras la plaine,
Qui mit depuis long-temps ton ame dans la peine;
Tu pourras à loisir contempler cette fleur,
Et même la cueillir, la presser sur ton cœur :
Arrête-là tes pas! mais crains un précipice,
Que creusa dans ce bois le volage Caprice :
Tu verras un autel orné de fleurs, de fruits,
T'invitant au plaisir; mais au même instant, fuis!
Quand tu contempleras ces jeunes déités,
Leur gracieuse danse et ces belles clartés,
N'ignore pas, mortel, que tu vois la mort même!

Bel-Accueil me conduit vers cet objet que j'aime :
Combien j'étais heureux! le moment est venu,

Me disais-je, ah! grand dieu!... Mais j'étais abattu,
Une pâleur mortelle entoure mon visage.....
Je voyais sous mes yeux un funeste présage.
Cependant j'avançais, je touchais le bouton,
Ma main toute tremblante avance en trahison;
En écartant la feuille et saisissant la rose,
Déjà je la pliais, et la fleur demi-close
Épanchait à regret des larmes de douleur :
Un effroyable bruit me remplit de terreur!
Arrêtez, malheureux, et craignez ma vengeance!
Infame Bel-Accueil, reconnais ma puissance,
S'est écrié Dangier, qui, gardeur de ces champs
Réparait avec soin les injures du temps,
Veillait sur l'innocence et la gardait sans cesse.
Bel-Accueil effrayé de se sauver s'empresse;
Tous deux sous un bocage, assis nonchalamment,
Je dis à mon voisin : Effroyable moment!
Que je suis malheureux! — Qui consume ton ame?

Sans dissimuler, parle. — Une amoureuse flamme!
Quel est donc cet objet? — Cette brillante fleur;
Au nom de l'amitié fais cesser ma douleur! —
Mais prenant d'un mortel que le danger effraie,
Le ton et le maintien : pour l'avoir que j'essaie?...
Quoi! toujours envier! sois content de ton sort;
Pourquoi donc à la fleur donnerai-je la mort?

❃

XII.

Dangier qui nous suivait, en gémissant s'avance,
Sur un bois appuyé, conduit par la vengeance;
A mes yeux effrayés, il montre un corps hideux,
Caché sous des lambeaux, qui, dégoûtants, affreux,

Faisaient paraître encor sa taille plus petite;
Semblable à ces rochers dont l'effroyable site,
Du voyageur timide éblouissant les yeux,
Offre à l'illusion un fantôme poudreux,
Tel il me paraissait. Sa marche tortueuse,
Faisait paraître encor sa forme plus hideuse.
Dans ses yeux on voyait son animosité,
Sa bouche respirait que la férocité.
Je suis fils de la Honte et Malbouche est ma mère,
Ma cousine est Malfait, et je n'ai point de frère :
Mais tous quatre, dit-il, nous veillons au jardin :
Malheur à qui s'y trouve, et qu'il tremble soudain!
Nous veillons la beauté, nous gardons l'innocence,
Pour qui veut les tromper nous avons la vengeance!
Fuyez, fuyez vassal! abandonnez ces lieux!
Ne profanez jamais l'asile de vos dieux!

A ses pieds prosternés : grace pour moi, lui dis-je!

En sévère censeur moi-même je m'érige,
Mais l'amour dans mon cœur a lancé tous ses traits,
Et mon cœur malheureux, en proie à des souhaits,
Me demande sans cesse un objet que j'adore :
Cette rose si belle, objet de mes.... encore!....
Reprit-il aussitôt; imprudent voyageur,
Sais-tu dans quelle route ici passe ton cœur?...
Fuis, fuis, fuis! ou l'abîme en s'entr'ouvrant de suite,
Les flammes du néant arrêteront ta fuite.
D'une arme flamboyante en dirigeant mes pas,
Il me montrait partout les ombres du trépas.
Éloigné de ces lieux, assis je me repose,
Mais mon ame aussitôt se souvint de la rose,
Ma douleur fut si grande et mes maux si cuisants,
Qu'à peine je sentais tous leurs affreux tourments!

XIII.

En proie à mes douleurs je maudissais la vie,
Et j'invoquais l'Amour, je priais la Folie,
Quand la sage raison en descendant des cieux,
D'un baume bienfaiteur voulut couvrir mes yeux;
Mon ami, me dit-elle, entends-tu mon langage?
Pour effrayer l'Amour arme-toi de courage;

Redoute son caprice, il fera ton malheur :
Crains la Honte et Dangier, Malebouche et sa sœur ;
Tombé dans leurs filets il n'est plus d'espérance,
Un mal te restera, ce sera la vengeance.

Moi, sourd à tes accents, je ne l'écoutais pas,
Que m'importe, lui dis-je, un funeste trépas?
L'Amour seul est mon maître et lui seul me commande;
La raison ici-bas, objet de contrebande,
Par les rois prohibée, inconnue aux mortels,
N'a point d'adorateurs à ses tristes autels.
Fuyez, fuyez d'ici! laissez donc la folie
Consumer des humains la douloureuse vie.
Aussitôt la déesse, en s'élevant soudain
Forme au milieu des airs un lumineux chemin ;
Elle déploie encor ses ailes radieuses
En fuyant se confond aux ombres vaporeuses.

XIV.

Un ami me restait, et j'allais le trouver,
Pour me concilier avec le vieux Dangier;
J'aimais tant cette rose, aussi qu'elle était belle!
Mon ami me disait : je connais ta querelle;

Les dieux comme les rois veulent être flattés ;
Courbez vos fronts, quand eux, sur un trône montés
Aussi grands que les dieux tâcheront de paraître,
Tâche d'être petit, de ne point t'y connaître.
Pour vaincre ce Dangier, si tu suis mes conseils,
Tu seras à ses yeux le premier des mortels.

Séduit par ce discours, j'allais jusqu'au bocage,
Où je trouvais Dangier assis sur le feuillage,
De fleurs il couronnait ses cheveux tout blanchis,
Il voyait ces ruisseaux avec des yeux ravis,
Il contemplait ses traits dans le cristal de l'onde,
Il voit en souriant sa tête furibonde :
Et la rose charmante et ses traits tout ridés
Paraissaient bien plus beaux ensemble reflétés.
Me jetant à ses pieds : O puissant roi, lui dis-je,
De toujours t'obéir pour jamais je m'oblige !
Ce matin en ces lieux, objet de ton courroux,

Je viens implorer grace en priant à genoux.
Un mortel peut-il vivre auprès de ta colère?
O dieu de ces jardins! Dangier, sois moi prospère!
Il me mit près de lui, le vieillard me sourit :
« Vois-tu donc cette fleur dans ce ruisseau qui fuit?
« Oh! bien plus que la rose une image est brillante.
Laquelle donc, dis-moi?—Votre tête charmante.
Lui, par ces mots flattés, que te faut-il, mon fils?....
Je veux à vos conseils être toujours soumis,
Laissez-moi dans ces lieux pour voir naître l'aurore,
J'aime à voir le matin le ciel qui se colore!
Je le veux, dit Dangier, ici reste toujours,
Tu viendras à mes ans porter quelques secours:
Mais ne passe jamais cette borne prescrite,
Car la peine du crime est là toujours inscrite :
La mort te poursuivra, retiens bien cet avis,
Si tu veux l'oublier à l'instant même, fuis!

XV.

J'allais à mon ami raconter ma disgrace,
Console-toi, dit-il, tu gagneras la place :
Flatte toujours, te dis-je, et tu réussiras!
Demain, pour voir plus loin tu lui demanderas;
Et bientôt vers la rose arrivant en silence
Tu pourras la cueillir et fuir en diligence.

XVI.

Indécis et tremblant, je n'osais avancer,
Car mes yeux s'éloignaient à regret du rosier;
Quelle amère pensée! En détournant ma vue,
Mes yeux verront encor la douleur attendue,

Que cause à mes regards cet effrayant portier.
Je m'arrête un moment, mais c'était pour pleurer!
Appuyé sur un arbre et maudissant la vie
Je vouais à Pluton l'Amour et la Folie :
Je n'apercevais plus la riante beauté
Qu'étalait à mes yeux ce valon enchanté.
Un vent voluptueux vint troubler ma tristesse;
Je me tourne soudain et vois une déesse
Qui portait sur sa tête un foyer enflammé;
Son corps sous un manteau, couvert, enveloppé,
Laissait à peine voir ses formes gracieuses :
De sa bouche sortaient paroles précieuses
Pour les cœurs malheureux, pour l'amant oublié :
D'un air compatissant s'avance la Pitié.
Pour devancer ses pas arrive la Franchise,
Pétulante et légère, elle mène à sa guise
Les dieux et les mortels, arrivons vers Dangier,
Dit-elle; la Pitié viendra pour le toucher,

Et moi, par mon babil, je serai sa maîtresse!
Pour tromper le vieillard qu'adroite est la déesse!
  Pourquoi donc, lui dit-elle, insensible à l'amant,
Te plais-tu chaque jour d'augmenter son tourment?
Pourquoi donc de l'Amour braves-tu la puissance?
Ne te souvient-il plus, dis-moi, de ton enfance?
Toi, jadis comme lui, pourchassant la beauté,
Cherchant pour la tromper toujours l'obscurité,
Fusses-tu satisfait si cet homme barbare,
Comme toi descendu des antres du Tartare,
Pour braver ton amour t'eût toujours poursuivi?
A ce doux souvenir le vieillard a souri,
Mais de son cruel cœur ne sort point de paroles,
Son regard semblait dire : Elles sont trop frivoles!

Au nom des dieux, Dangier, épargne cet amant,
Répète la Pitié, fais finir son tourment!
Voudrais-tu dans son cœur, détruisant l'espérance,

Lui faire présager une affreuse existence?
Des roses du plaisir parsème son chemin,
Ote donc à son cœur un si cruel chagrin!
Ne sois pas insensible, épargne à la jeunesse
Les maux qu'enseigneront le temps et la vieillesse!
Hélas! l'homme naquit que pour toujours souffrir,
C'est en voyant le jour qu'il apprend à mourir!
C'est pour pleurer, gémir, que les dieux l'ont fait naître,
Passager sur la terre il n'a fait que paraître!
Mais en voyant le monde, en quittant le chaos,
Il apprend à chérir, à souffrir tous les maux....
Celui qui pour briller est monté sur un trône,
Qui tient entre ses mains le sceptre et la couronne,
Pour lui point de pitié; qu'il soit dans la douleur,
Car elle est le profit des rois, de la grandeur;
Pour le fidèle amant qui veut aimer et plaire,
Et rester ignoré; pour lui tout au contraire,
Prépare donc le vase au bonheur destiné,

Et que sur ses longs jours, il soit toujours versé :
Pour diriger ses pas Bel-Accueil se propose,
Sur la foi de l'amant que ton cœur se repose.

Comment te résister? Je signe cet arrêt,
J'obéirais encore à ton humble décret :
Te refuser, déesse, est une vilainie,
Dont mon ame jamais ne sera point flétrie.

Aussitôt la Franchise appelant Bel-Accueil,
Lui dit avec malice : évitons cet écueil;
Depuis que cet amant a perdu l'espérance,
Son cœur ne connaît plus que l'affreuse vengeance;
Laissez-le donc à l'aise admirer cette fleur,
Qu'il jouisse un moment de ce nouveau bonheur.
La Pitié, la Franchise ont vaincu la vieillesse,
Nous triomphons des dieux, de l'humaine faiblesse;
Mortels, obéissez! il n'est plus de danger,

Ma puissance infinie a vaincu ce Dangier!

Elle dit, disparaît et se perd dans les nues,
Qui sont par leur blancheur ensemble confondues.

❀

XVII.

Près de moi Bel-Accueil en me prenant la main,
Me conduit lentement au ravissant jardin,
Où l'odeur de la rose embaumant l'atmosphère,
Exhalait ses parfums sur un vaste parterre.

En ce boudoir de Flore, ému, les yeux surpris,
Je contemplais encor tous ces arbres fleuris;
Mes regards inquiets arrêtés par la rose,
Me firent voir la fleur plus belle et plus éclose,
Jamais elle n'offrit à mes yeux tant d'appas!
Jamais je ne l'ai vue avoir autant d'éclat!
Elle s'était ouverte à peine épanouie,
Son feuillage épineux la rendait plus jolie :
Ses pétales rosées s'écartant du pistil,
Laissaient entre chacun un ombrage subtil,
Faisant paraître encor sa couleur plus vermeille;
Lorsque durant la nuit tout l'univers sommeille,
De sa gloire éternelle, un dieu plein de bonté,
Sur le terrain aride et sur le fruit séché,
De bénédictions la terre est arrosée :
Et chaque feuille avait des pleurs de la rosée,
Une larme légère et d'un éclat brillant,
Que le soleil pompait et rendait transparent.

Je voyais cette rose au milieu du parterre,
Telle est parmi les dieux la reine de Cythère.
Bel-Accueil malgré moi me fit quitter ces lieux,
Où les moments, hélas! étaient délicieux!
Dans ce charmant détour où mainte compagnie,
Aux plaisirs de l'Amour se livrait à l'envie,
Mon conducteur m'amène et je quitte la fleur.
Au nom des dieux, lui dis-je, ah! guéris ma douleur!
Laisse-moi d'un baiser sur la fleur savoureuse,
Jouir en l'embrassant, d'une odeur précieuse!
Sur son duvet vermeil je veux prendre un baiser,
Feins de ne me point voir, n'y viens pas t'opposer.

Amant, que me dis-tu? Faut-il qu'en téméraire
Je brave l'innocence et rien que pour te plaire?
Et faut-il qu'insensible aux cris de la pitié
Je chasse de la fleur toute sa chasteté?
Contente-toi d'aimer, borne-là ton délire :

N'imite point l'amant qui gémit, qui soupire,
Qui veut malgré les pleurs cueillir un doux baiser ;
En torrents bouillonnants ses pleurs ont beau couler,
Ce moment de bonheur jamais ne se rachète ;
Et l'instant du plaisir d'une faveur secrète,
Est semblable au foyer d'un volcan endormi,
Dès qu'on pose les pieds on en est englouti !

En l'entendant parler je restais immobile,
Et préparais d'avance une feinte subtile,
Pour revenir encore et forcer ce gardien
A laisser cette fleur en dépôt dans ma main :
D'un premier coup, disais-je, on n'abat point un chêne
Ou celui qui le frappe en sa chute s'entraîne,
Et cet arbre en tombant l'écrase et l'engloutit :
Pour éviter sa chute il faut en érudit,
Frapper à petits coups et revenir sans cesse ;
Je louais Bel-Accueil de sa haute sagesse,

Et lui promis encor de toujours l'obéir,
Mais mon cœur agité ne pouvait plus l'ouïr.

La mère des Amours, des amants si chérie,
Et de la chasteté l'éternelle ennemie,
Vénus du haut des cieux en descendant soudain,
D'ambroisie et de fleurs voit paré son chemin;
Une troupe enfantine à ses côtés assise
Guidait légèrement la rêne à tous soumise,
De ce jardin charmant à la voûte des cieux,
Les Amours ont formé le rayon radieux;
D'un manteau transparent, de roses couronnée,
La déesse apparaît d'un grand brandon armée,
D'où le feu pétillant embrasait tous nos cœurs.

Vous, Bel-Accueil, dit-elle, arrêtez donc ses pleurs!
Il l'aime tendrement, laissez-lui donc le dire;
Depuis long-temps il pleure, il gémit, il soupire,

Et vous lui refusez un baiser amoureux :
Pour ce sincère amant que de tourments affreux !
Vous vous riez, cruel, de sa cuisante peine :
Il n'est point, croyez-moi, de jeune chatelaine
Qui voulût dédaigner un si parfait amant :
Il joint à la beauté l'amour et le talent ;
Son visage fleuri, sa bouche demi-close,
Peut bien se reposer sur cette jeune rose ;
Si vous lui refusez, il le prendra toujours,
Vénus du haut des cieux veillera sur ses jours !

❃

XVIII.

Par ce brandon en feu tous les cœurs se pâmèrent,
Bel-Accueil et Dangier tous les deux me baisèrent,
Et s'enfuirent au loin effrayés du brandon
Dont l'éclat surpassait du soleil le rayon :

Seul auprès de la rose, une frayeur subite
A mes sens étonnés me rend timide et triste;
Et mon cœur palpitait, une sombre rougeur
Contrastait à merveille auprès de sa candeur;
Je m'approche en tremblant, et la rose si belle,
Par un baiser charmant à mon amour fidèle,
Je crus que mon bonheur deviendrait éternel,
Hélas! comme jadis je pleure sur l'autel!
Ce bonheur fut semblable à la mer apaisée,
Qui par un doux zéphyr est à peine froissée;
L'ignorant voyageur qui veut porter ses pas,
Dans une mare infecte a reçu le trépas!

❀

XIX.

Mais dès que je baisais cette rose charmante,
Tous les Amours cruels en troupe triomphante
Eloignent le château, me font voir à genoux
Aux pieds de cette rose; aussitôt en courroux

Malebouche arriva traînant d'horribles chaînes
Pour appeler encor de leurs rives lointaines
Tous les monstres hideux, ses effrayantes sœurs,
En écumant de rage arrivent les fureurs :
De leurs cris déchirants l'univers s'épouvante,
Leur présence fait fuir l'humanité tremblante.
Dans les cieux, sur la terre, un mot est prononcé,
Dans les antres profonds l'écho l'a répété :
« Malheur à Bel-Accueil ! Tremblez amant perfide ! »
Aussitôt en ces lieux est une terre aride,
Des flammes entr'ouvrant l'entraille des enfers
En tourbillon épais s'exhalent jusqu'aux airs ;
Les Fureurs arrivant en mugissant de rage
Font pétiller le feu, font doubler le carnage ;
Rallumant le bûcher par des encens humains,
Ils arrachent leurs cœurs de leurs cruelles mains.
Par des chants d'allégresse allumant leur bitume,
Eclairent les mourants que leurs bûchers consume.

Une danse infernale où sifflent les serpents,
Se dessine au lointain parmi ces feux mourants;
Et ce feu phosphorique éclairant tous ces spectres,
Sur leur tête restait et leur servait de sceptres.
C'est par des beuglements qu'elles vont proclamer
La honte de la Rose et l'effroi de Dangier.
Bel-Accueil immobile, appuyé sur un arbre,
Par la honte glacé semblait être de marbre.
Ses yeux étincelants par des pleurs obscurcis,
Faisaient crisper ses traits, et fronçaient ses sourcils.
Sa tête se penchait, ses yeux fixaient la terre,
Et des larmes roulaient autour de sa paupière.
La Jalousie arrive en semant la fureur,
Son brandon affaibli n'inspirait que l'horreur
Bel-Accueil m'a trompée, il a trahi la Rose;
Et toi, perfide amant, de la baiser, tu l'ose!..
Punissons seul le guide, en dirigeant tes pas
De ce qu'il te devait, il ne l'ignorait pas.

Le conducteur des fers est le seul responsable,
D'un peuple criminel le roi seul est coupable,
Qui veut guider nos pas ne doit point s'égarer,
Ou la faute sur lui doit vingt fois retomber.
Un monument antique, affreux et vénérable,
S'élève dans ces lieux pour punir le coupable;
O lâche conducteur, contemple encor les cieux,
A tes plus chers amis fais tes derniers adieux!

Aucun mot ne sortait de sa langue glacée,
Quand la Honte aussitôt près de lui s'est placée :

Arrêtez! lui dit-elle; examinons les faits,
Car punir l'innocent est comble des forfaits.
Malbouche le trahit, elle annonce son crime,
N'est-il point de l'envie une triste victime?
Ne l'avons-nous pas vue en faux avant-coureur,
Proclamer en tous lieux et crime et déshonneur?

La calomnie atteint et lentement dévore
Le malheureux mortel que son brandon colore :
Telle la jeune Emma, l'ornement du hameau,
Aimait bien tendrement un jeune damoiseau:
Dans les champs, à la ville, on se disait sans cesse
Amis dès leur enfance, époux dans leur vieillesse,
Leur automne commence où finit le printemps.
Mais de la calomnie outrages effrayants!...
Wilson dans un jardin avait perdu la vie,
L'on ose de ce crime accuser son amie!!...
...Emma sur un gibet, par la main d'un bourreau,
Voit flétrir son visage et si pur et si beau......
Un rival odieux se déclare coupable,
L'amante n'était plus.... La mort épouvantable,
Par Malbouche guidée avait tranché le cours
De cette jeune fleur au plus beau de ses jours!...

La Honte, il faut punir! redit la Jalousie;

Redoutons en tous lieux la Luxure et l'Envie,
Car leur pouvoir s'étend sur ce vaste univers :
Sous le chaume, à la cour, dans les cloîtres divers,
En roi, fermier, abbesse, on les voit déguisées.
Qu'aux yeux des curieux les roses soient cachées !
Élevons tous un mur qui des cieux soit voisin,
Que le jour soit caché par des portes d'airain !
Que la Furie alors en chevalière errante,
Soit armée en ces lieux d'une arme flamboyante.
A la tour Bel-Accueil restera prisonnier :
Qui veut tromper les dieux doit souffrir et prier !

En tremblant vient la Peur ; sous un manteau cachée,
Elle arrive à pas lents et s'arrête glacée :
Mes chères sœurs, dit-elle en se couvrant encor,
Je suis pâle et défaite et veux faire un effort,
Mais que la Jalousie éloigne son armure,
Je veux vous dire ici ce que dit la nature :

Cachez donc cette épée, éloignez tous ces murs,
Débarrassez mes yeux de ces objets impurs.
Punissons ce Dangier, lui seul est le coupable :
Plaignons de Bel-Accueil le sort triste, effroyable !
Non ! reprirent ses sœurs. — La Peur se redressant,
Fait lever au lointain un voile transparent.
Dans un champ fortuné, par l'Amour habité,
Les Grâces en dansant précédaient la Beauté :
Le myrthe et le laurier s'unissant au narcisse,
En tapis d'émeraude ornaient le lieu Caprice ;
Là, de jeunes beautés étalant leurs appas,
Par les jeux, l'allégresse, attendaient le trépas :
Par les fleurs couronnée et dans l'ombre perdue,
La naïade à Vénus se trouvait confondue.
Les malheurs oubliés faisaient place au plaisir.
Par le bonheur navré plus d'inconstant désir.
Bel-Accueil seulement les yeux couverts de larmes
Jetait sur le passé des regards pleins d'alarmes ;

C'est en vain qu'Eudoxie en jouant près de lui
Voulait par le laurier lui cacher le souci.

La Honte à Jalousie adressa ces paroles :
Pitié pour Bel-Accueil, pour ses actions folles!
Jamais! jamais! dit-elle, et fuyant en courroux,
Je vais sur cet amant poser tous les verroux!

❀

XX.

Dans l'ombre de la nuit les deux sœurs arrivèrent
Auprès du vieux Dangier leurs pas se dirigèrent :
En un lieu de silence à la mort consacré
S'élevait confondu le monument sacré;
Et les arbres courbant tous leurs rameaux flexibles,
Ombrageant ces tombeaux ils paraissaient sensibles

Aux douleurs de l'époux, de la mère ou du fils.
De son disque argenté l'astre brillant des nuits,
Confondait ces autels dans ses épaisses ombres,
Et n'éclairait alors de ses rayons lents, sombres
Que cette inscription où se peignent les pleurs.
Sur un lit de verdure ombragé de pleureurs,
Couvert par mille croix, par un rocher aride
D'où coulait un ruisseau qui le rendait humide,
Dangier, nonchalamment en ces lieux étendu,
Au bruit du pas des sœurs se réveille éperdu;
Son front par la frayeur de rides se hérisse :
Qui vient ici, dit-il, qu'aussitôt il périsse!

Arrêtez, dit la Honte, et rougissez, gardien!
Je te cherche toujours et tu me fuis en vain.
Qu'en tous lieux, malheureux, l'opprobre te poursuive
Et que pour t'accabler en tous temps elle vive!
Des plus précieux dons tu privas cette fleur.

Qui perd sa chasteté perd aussi le bonheur!
Le repentir l'accable et l'espoir l'abandonne,
Ce crime aux yeux de tous jamais ne se pardonne:
Ce moment du bonheur ne dure qu'un instant,
Il entraîne à sa suite un éternel tourment!

C'est assez, dit Dangier, emporté par la rage,
Honte! de me venger je me sens le courage!
C'est quand on est vaincu qu'on craint le déshonneur,
Il le faut! je le veux! je serai son vengeur!
Un carquois, une épée arment son bras robuste,
Son œil étincelant cherche un amant injuste;
Ses armes dans les mains et sa dague en ses dents,
Malebouche tremblez! Et vous ses confidents,
Je saurai vous frapper; tremblez à ma vengeance!
Quoi! vous avez trahi ma faible complaisance....
Dût le ciel en courroux m'accabler en ce jour,
Non! vous n'y serez plus! j'en jure par l'amour!

XXI.

Qu'il me souvient sans cesse, ô moment plein de charmes,
Du baiser amoureux qui fait couler mes larmes !
O mort ! cruelle mort ! viens finir ma douleur,
Dangier dans sa colère a juré mon malheur :

O Rose, ô mes amours! je gémis, je soupire,
Je ne vivrai jamais que sous ton doux empire!
Femmes, qui mieux que moi connaissez tous les cœurs,
Venez, au nom du ciel, consoler mes douleurs!
Je sens qu'auprès de vous je reviendrai sensible,
O jamais, près de vous, je serais inflexible!

L'horrible Jalousie, en proie à ses soupçons,
Rassemble avec grand frais les chevaliers félons;
Travaillez, leur dit-elle, et sauvez l'innocence,
Et votre liberté sera la récompense.

Les arbres sous les coups tombent avec fracas,
Sous le salpêtre alors le roc vole en éclats;
L'un par l'autre liés, tous les rochers se tiennent;
Sous le mortier couverts tous les fers se soutiennent;
Bientôt une prison en dôme s'élevant,
Ressortant de la terre allait au firmament:

La triste obscurité de ces lieux est maîtresse,
Le jour n'y parvenait qu'aidé par la Déesse.
Quelle horreur! quel effroi!... quel silence éternel!
Toi, que l'erreur trahit, tremble, triste mortel!
Car ces forts qu'à grand frais elle élève à la haine,
Un jour l'engloutiront dans leur chute prochaine;
Sur ces créneaux pendaient des arcs et des carquois.
Némésis, Tisiphone admirant leurs exploits,
A l'imprudent amant jetaient la mort perfide.
Dangier le chatelain, geôlier cruel, terrible,
Gardait auprès de lui la douloureuse mort,
Qui, couverte et cachée, immolait dans le fort.
Malbouche en prenant l'air de cette renommée,
Pour tromper l'univers sur Pégase montée,
Elle allait publiant et crime et déshonneur.
Dans ces larges fossés séjour de la frayeur
Dans ces arbres touffus, sur ces créneaux encore,
En tous ces lieux obscurs que l'astre ne colore,

Mille sergents hideux par Némésis guidés,
En vrais loups cerviers venaient à pas comptés,
Tous les crins hérissés au teint blême et livide
Cachant sous leurs habits le poignard homicide;
Ils poursuivaient partout, toujours en trahison,
Donnant pour un bienfait le fer ou le poison.
En cette obscure tour la Rose est prisonnière;
Jamais l'astre du jour du haut de sa carrière,
N'a d'un léger rayon éclairé cette fleur,
En cet endroit humide elle perd sa fraîcheur;
Le triste Bel-Accueil malheureuse victime,
Dans cet étroit séjour expie aussi son crime.
O vous, qui de sang-froid apprenez à punir,
Rougissez du présent, tremblez de l'avenir!

XXII.

Moi seul je gémissais, ah! quelle était ma peine!
Silencieusement, hélas! je me promène:
Amour! cruel Amour! que chers sont tes présents,
Et qu'un léger bienfait nous coûte de tourments!

Semblable au laboureur que guide l'espérance,
Il sourit au bourgeon sortant de la semence;
De plaisir transporté, voyant un ciel d'azur
Il bénit l'Éternel de son bonheur futur:
Mais dans un seul moment l'atmosphère se charge,
L'éclair en sillonnant, luit, précède l'orage,
Et six mois de travaux sont détruits à ses yeux.
Vous, cruelle espérance, amours impérieux,
Vous avez d'un seul mot tout déchiré mon âme,
Car l'espoir m'est ravi quand s'augmente ma flamme.
Je vois dans cette tour un véritable ami,
Il gémit, il soupire, et je suis libre ici!
Un tyran sans pitié le met dans l'esclavage,
Il va mourir, hélas! dans ce trop vil servage.
O Bel-Accueil! ami, ton dévoûment si beau,
Pour ces cœurs corrompus devait être nouveau.
Mais, espoir consolant! le tyran qui réclame,
Peut enfermer ton cœur, mais non jamais ton âme!

O maîtresse chérie, O Rose! O mes amours!
Quel amertume encor tu jettes sur mes jours!
Qui dois-je regretter en ce moment prospère,
D'une amante adorée ou d'un ami sincère?
Tous deux vivez en paix, songez à mes douleurs,
Ah! que ne puis-je, hélas! pour épancher mes pleurs,
Trouver parmi vous deux des mains vers moi tendues,
Et qu'elles soient aussi par vous deux entendues!
La douleur vous accable, ah! bravez vos tyrans,
Ils gémiront un jour, soyez-leur indulgents!
Pensez à votre ami, qui chérit, qui vous aime,
Et que ne formant qu'un nos trois noms soient de même!
Au temple auguste et cher de la postérité,
Unis par le malheur, liés par l'amitié!
La fortune inconstante en retournant sa roue,
Traînera les puissants dans la fange et la boue;
Alors le malheureux qui par elle est foulé,
Au sommet de son char s'admirera placé:

Je veux vous délivrer, la mort est plein de charme,
Lorsque pour le sauver le bras d'un ami s'arme :
Mais si de mes succès la mort suspend le cours.
Ah ! Pleurez amitié ! secourez les amours !...
Eh bien ! enfants humains, préparez donc vos fêtes ;
Pour déchirer mon cœur, Dieux ! vos armes sont prêtes.
Je vous brave, sergents ! lâches, fuyez, fuyez !
Tremblez ! Craignez mes coups ! monstres qui les guidez !
En vous sauvant amis, je me sauve moi-même,
C'est dans l'adversité réellement qu'on aime !
Si je succombe ici, prenez tous deux mon cœur,
Mourir pour nos amis est pour nous un bonheur.
O vous, femme jolie, ici je vous appelle,
Je veux mourir pour vous ou vous rester fidèle !

Cy endroit trespassa Guillaume
De Loris et n'en fist plus pseaulme ;
Mais après plus de quarante ans,

Maître Jehan de Meun ce romans
Parfist, ainsi comme je preuve,
Et ici commence son œuvre.

❋

XXIII.

Affaibli par les pleurs tout mon sang s'est glacé,
Au pied de cette tour je tombais harassé,
Lorsque du haut des cieux des voix harmonieuses
Précédant la Raison par des hymnes pieuses,

Ont jeté dans mon âme un sentiment divin.
La Raison aussitôt me prenant par la main:
Je le vois, me dit-elle, il t'a trompé, le traître!
L'amour est un volage et tu l'as pris pour maître.
Aujourd'hui tu te plains, tu souffres, me dis-tu,
Ce sort infortuné, toi seul tu l'as voulu!
Qui cherche à se tromper ne doit jamais se plaindre
Si tu m'avais suivie il n'oserait t'atteindre!
L'amour est comme un roi qui cherchant des sujets,
Flatte celui qu'il trompe et prévient ses souhaits:
Lorsque le danger fuit aussitôt il l'oublie,
Ou quand il s'en souvient c'est pour trancher sa vie.
Quand tu l'aimais jadis, il cherchait ton trépas,
Aujourd'hui tu gémis; tu le connais?—Hélas!—
Cruel!—Tendre et volage!—Ah! malheureux, tu l'aime!
Oui! punis-moi, Raison, de ma faiblesse extrême;
Je crains de te le dire.... Il a séduit mon cœur...
Je le voyais en maître et non en oppresseur.

Les fleurs ornaient sa tête et son arc était sceptre,
Sur sa bouche un sourire... — Et ce n'était qu'un spectre
Hideux ! infame ! affreux !.. — Oh ! je l'aime toujours?
Arrêtez, malheureux !.. Que deviendront tes jours?
Je l'ignore, grand Dieu ! — Quel sort tu te prépare !
Dis-moi, pour l'aimer tant connais-tu ce barbare?
Comme un ange du ciel je l'ai vu rayonnant,
Comme l'astre du jour il est resplendissant,
L'univers l'adorait, tout lui rendait hommage,
J'ai cherché sa puissance en cette affreuse plage,
Comme l'aigle brillant il avait disparu ! —
Pour aimer un seigneur il faut l'avoir connu ;
De cet enfant cruel reconnais le génie,
A ce léger portrait que pour toi seul j'écrie :

L'amour est un trompeur, près de lui tout est beau,
Son trône semble un spectre, eh bien ! c'est un tombeau.
Tu le contemple encor sur un char de lumière,

Dont les coursiers fougueux ne touchent point la terre.
Un doigt ferme sa bouche et l'autre son carquois,
Ses flèches, son manteau, s'enlèvent à la fois;
Amant, il t'éblouit par l'odeur d'ambroisie;
Son ombre est près de toi, reconnais la furie!
Vautour de Jupiter, il cherchera ton cœur,
Et comme à Prométhée exerçant sa fureur,
Tu le verras sans cesse en des formes riantes
Enfoncer dans ton cœur ses armes si tranchantes;
Fuis-le sans plus tarder, résiste à son flambeau,
Viens sous mon bouclier chercher un sort nouveau.

Non, je ne puis le croire; encor, redis encore
Ce portrait de l'Amour que j'aime et que j'abhorre!
Puis-je l'abandonner : lui-même il me chérit;
Ce malheur qui m'accable, il me l'avait prédit!
Je deviendrais ingrat en oubliant mon maître,
Ah! parle-moi toujours de cet amour, du traître!...

Reconnais du brigand les horribles exploits,
A l'enfant, au vieillard, il ordonne ses lois :
Rien ne peut arrêter sa marche vagabonde,
Il vient comme un torrent en y traînant son onde.

Déjà la jeune Ermance encor dans le berceau,
Connaissant cet enfant, souriait de nouveau
A ce songe flatteur qui troublait sa paupière :
Elle voyait près d'elle une adorable mère
Prodiguant à ses pieds mille joujoux divers,
Par l'Amour en secret ils étaient tous offerts :
Par ces appas grossiers en trompant l'ignorance,
Par l'Amour filial il eut le cœur d'Ermance.

Quand la belle approcha de ses quinze printemps
L'Amour lui dit encore : il te faut des amants :
La fillette rougit ; eh bien! je veux t'instruire,
Lui redit le cruel, apprends donc à séduire :

D'une rose charmante embellis ton corset,
Pour la cueillir plus belle accours dans le bosquet ;
Par ces appâts grossiers en trompant l'ignorance,
Par la coquetterie il eut le cœur d'Ermance.

Hélas ! gentille fleur, il te faut un époux,
A Cythère, volons ! là, tu les verras tous.
Oui, Wilson, je le vois, est maître de ton âme ;
C'est à moi d'exciter pour toi sa vive flamme.
Du tout, dit la fillette, il me faudra t'aimer !
Point de reconnaissance, ici c'est mon métier.
Par ces appâts grossiers en trompant l'ignorance,
Par l'Amour conjugal il eut le cœur d'Ermance.

Quand l'âge vint flétrir ce visage vermeil,
Elle fit ses adieux à cet enfant cruel.
Mais l'inconstant, hélas ! lui dit : soyez volage,
Pour sauver votre fils, recevez mon hommage.

Ce juge vous adore, écoutez son amour
Ou votre fils, hélas! va périr en ce jour!
Par ces appâts grossiers en trompant l'ignorance,
Par l'Amour maternel il eut le cœur d'Ermance.

Quand pour sauver son fils elle trompe l'époux,
L'Amour va le chercher, excitant son courroux.
La belle entre ses bras se jette évanouie,
Par le fer de Wilson elle tombe sans vie.
L'Amour qui les guidait, s'envole en triomphant,
Sur ce sanglant cadavre il s'arrête en riant.
Par ces appâts grossiers en trompant l'ignorance,
Par l'Amour inconstant il eut le cœur d'Ermance.

J'écoutais la Raison, contemplant sa grandeur,
Chaque mot de sa bouche augmentait ma douleur:
Je le voyais écrit, brillant, en trait de flamme,
Éclairant et mon cœur, et mes yeux et mon âme!

Mais l'Amour près de moi me le fit oublier,
Dans un sombre repos il voulut me plonger :
Là, me stygmatisant, il me redit : Victoire !
A ce mot, je voulus repasser ma mémoire :
Je suis à toi, lui dis-je ; oui ! je te l'ai juré !
Raison, fuyez d'ici ; je veux ma liberté !...
Tel qu'un tigre féroce, ennemi de la terre,
Ne connaissant jamais ni son fils, ni son père ;
Tu veux donc qu'isolé, sans consolation,
Je quitte les plaisirs pour la triste raison ?
Vois cette troupe aimable et ces plaisirs sans nombre,
Ils font fuir loin de nous tout ce lointain si sombre ;
Par le bonheur conduit tout me semble bonheur ;
Ces maux que je ressens ont un charme flatteur :
Il me faut oublier l'amitié bienveillante,
De tout abandonner faut-il que je consente ?
Dieu nous défend la haine, et toi, tu veux l'aimer ?
C'est assez, croyez-moi, de vouloir m'égarer !

Ah! c'est assez, ami, ce doute est une offense;
Ce dieu qui te séduit, ici te récompense:
Pour te mieux déchirer il te ferme les yeux,
Toujours l'œil s'obscurcit à trop fixer les cieux.
En plaisir, en malheur, ne prends jamais l'extrême,
Il est certain milieu que toujours le sage aime.
L'Amour en ses rigueurs sait inventer la mort,
L'Amour en ses douceurs nous donne un heureux sort.

Que j'aime à l'admirer quand donnant la constance,
Il joint par l'amitié bonheur et confiance.
Que deux cœurs sont heureux quand unis à jamais,
De se plaire toujours ils forment les souhaits!
Par les grandeurs guidés, ils partagent le trône;
L'éclat du diadême embellit leur couronne:
Prévenant leurs désirs, partageant leur bonheur,
La bouche moins que l'œil dit le secret du cœur.
Par les revers froissés, divisant leur misère,

Comme dans les palais, heureux dans la chaumière
Le bonheur se partage ainsi que la douleur;
Que l'époux soit chagrin, son ange bienfaiteur
Le console aussitôt par un léger sourire;
Que l'épouse accablée en s'arrêtant soupire,
Dans ses bras tendrement se jette son ami.
Le bonheur est doublé, les maux sont à demi;
Loin d'un monde bruyant, isolés dans la plaine,
Par le présent charmés, point d'espérance vaine;
Pour ces deux cœurs unis il n'est point de secret;
Le cœur lit à l'instant ce que la bouche tait,
Qu'un danger le menace aussitôt elle s'arme;
Pour sauver un ami la mort a tant de charme!
Lorsque l'adversité s'arrête et les poursuit,
Lorsque par son poignard elle frappe et s'enfuit,
Que j'aime à voir ces pleurs ensemble confondues!
Ces larmes sont bonheurs ensemble répandues!
Mais quand la Mort s'avance il faut donc contempler

Ce combat généreux de mourir le premier.
L'Amour de l'Amitié! Reconnais sa puissance,
Le bonheur de la vie est dans cette constance :
Mais cet Amour, hélas! vit seul et retiré,
Des humains corrompus il se tient éloigné;
Lui, semblable au mérite, il déteste l'intrigue,
En les séjours pompeux bien rarement il brigue.

L'Amour qui te poursuit est cet enfant affreux
Qui se rit de tes pleurs et te rend malheureux!
Sa puissance? voici! Près d'une femme aimable,
Il te dira : Fuyons! car elle est effroyable!
Le bonheur de la vie existe dans cet or,
Une furie est belle ayant un beau trésor :
Vois ce trône pompeux que la pourpre environne,
Cet éclat qui poursuit la brillante couronne :
L'astre lumineux même a perdu sa clarté,
Auprès de ce rayon, de ce trône exalté,

Mille guerriers armés en défendent l'entrée;
Le fer brille au soleil et l'on entend l'épée :
Avec l'or, te dit-il, ce trône t'appartient,
Epouse la Laideur, amant, surtout son bien!
Tu le croiras alors! La fortune inconstante
T'accablera bientôt. Malheur à ton amante!
L'éclat des diamants a caché sa laideur,
Mais en lambeaux alors tu verras la Fureur!...
Tout passe avec le temps, l'Amabilité reste;
Elle embellit la vie et n'est jamais suspecte.
Tu donneras, hélas! en perdant l'avenir,
Un éternel malheur pour l'instant du plaisir.

❃

XXIV.

Crains encor cet amour du gain, de l'avarice,
Qui d'amasser toujours a l'horrible caprice :
Pour entasser de l'or il n'a plus de parents ;

La soif de la richesse occupe ses moments.
Redoutant ses amis, il les poursuit sans cesse,
Sa consolation n'est rien que sa richesse.
Egoïste à l'excès et froid à la pitié,
Ce cœur triste et sauvage ignore l'amitié:
Semblable au cerf agile errant dans la prairie,
Il approche sans crainte à la rive fleurie,
Il ne voit point le piége élevé sous ses pas,
Par sa brillante corne il reçoit le trépas:
Semblable à ces chasseurs, les héritiers poursuivent
Ces avares parents que les richesses suivent.

Crains aussi la puissance, elle t'accablera,
Des maux les plus cuisants elle te flétrira.
Au faîte des grandeurs si le hasard t'élève,
Que jamais pour punir ton travail ne s'achève.
Tu verras à tes pieds tous ces vils courtisans,
Qui te diront toujours être tes partisans;

Tu les verras sans cesse en conseillers infâmes
Te dire d'accabler de malheureuses ames:
Pour prouver leur amour ils verseront leur sang,
Pour avoir des grandeurs ils chanteront ton rang;
Si la fortune alors t'accable et te déchire,
Ne crois point qu'aucun d'eux pour tes malheurs soupire;
Tu les verras alors en monstres déchaînés
Retourner dans ton cœur tous leurs poignards rouillés,
Le puissant est semblable à cet arbre fertile,
On l'abat sans pitié dès qu'il devient stérile:
Celui qu'il a nourri le frappe le premier,
Et se fait un plaisir de toujours l'accabler.

Pour trouver le bonheur deviens donc optimiste,
Lorsque le cœur est pur, non, rien ne lui résiste.
Ne vas pas chez les rois, en flatteur dangereux,
Obtenir un emploi par un commerce honteux;
N'imite point ces gens que conduit la fortune,

Et qui pour amasser guettent l'heure opportune;
Si le chef est pieux ils chantent les vertus,
Et viennent libertins sous des rois corrompus:
Mais que pour te guider l'honneur soit ton égide,
Pour vaincre les tyrans sois toujours intrépide!
Tel agit à son gré l'aigle majestueux;
Il effleure la terre et vole dans les cieux,
Rien ne suspend son cours, car il n'a point de maître,
Il flétrit les ingrats et méprise le traître.
Tel peut ainsi juger le cœur indépendant;
Mais l'esclave vendu, craignant le châtiment,
Est semblable au pourceau que le seul bruit effraye,
Il craint moins l'ennemi que celui qui le paye.

Ah! de chimère, ingrat, tu traites le bonheur,
Il existe, crois-moi, crois cet espoir flatteur:
Tu veux le voir, eh bien! le bonheur est une ombre;
Couvert d'un voile épais il devient triste et sombre,

Et c'est en le parant des fleurs de la gaîté
Qu'il deviendra pour toi de la félicité.

Méprise la fortune et choisis l'indigence,
Abandonne un trésor pour une douce aisance:
Admire ce ribauld qui sous le poids courbé,
De la Grève à Paris arrive tout chargé;
Lorsque le travail vient, il chante la richesse,
Et ses maux sont noyés dans une folle ivresse:
Auprès de sa famille il arrive gaîment;
Oubliant l'avenir, il est plein du présent.
Aucun souci l'effraie, aucun soin l'embarrasse,
Par le travail encor sans cesse il se délasse.
Heureux l'indépendant qui vit au jour le jour,
Exempt d'inquiétude en un étroit séjour:
Oh que j'envie, hélas! sa céleste misère!
Aucun soin l'embarrasse en sa vieille chaumière;
Il peut répondre aux rois : laisse-moi mon soleil!

Aussi bien que les grands, il jouit du sommeil,
Et le cœur sans remords, il est heureux en songes;
La nuit il est séduit par de charmants mensonges;
Le jour il est heureux par la réalité:
Douce est l'illusion, belle est la vérité!
Quand le temps de sa faulx lentement le moissonne,
Quand son bras affaibli sous la charge frissonne,
Il arrive gaîment à l'Hôtel-Dieu porté.
Quand au trône éternel les saints l'ont appelé,
Riche de conscience, il méprisait la vie,
Il entre sans remords à la rive fleurie,
Dont les étroits sentiers de cailloux hérissés
Reçoivent l'homme seul et non ceux fortunés.

Vois l'air sombre et chagrin du marchand trop avide,
Le remords le poursuit, car il trompe en perfide:
Il cherche la richesse au sortir du berceau,
Et cette soif du gain le conduit au tombeau.

Il ne sait point jouir, car sans cesse il amasse,
Et ce soin renaissant jamais ne le délasse;
Trois besoins importants l'empêchent d'être heureux:
Le besoin d'acquérir rend triste et malheureux;
Celui de conserver rend méfiant, terrible;
Et le troisième enfin est ce regret horrible
De laisser en mourant un bien si précieux;
Ce marchand est semblable au dindon malheureux
Que le fermier nourrit d'une eau noire et bourbeuse,
Qui languissant de faim par la mort douloureuse,
Laisse aux exquis gourmands un gras foie excellent.

En ce lointain pays vois donc ce fabricant,
Qui dans mille plaisirs, conduit par la luxure,
Prodigue la fortune en cherchant l'aventure:
Tel qu'un duc suzerain il parie aux tournois,
Son coursier est orné du plus beau des harnois.
D'où lui vient tout cet or qu'il prodigue sans cesse?

Du travail de ses mains vient donc cette richesse :
Non! du triste ouvrier que le malheur conduit,
Et chargé de travaux, cet or est le produit!
A peine son labeur peut étancher encore
La faim de ses enfants que le malheur dévore :
Son fils par la misère est un Mauvais garçon,
Il porte dans Paris le fer et le poison :
Sa fille pour s'aider trafique sur ses charmes,
Sa femme par la faim meurt en versant des larmes.
Eh bien! ce fabricant n'entendant point ces pleurs,
N'achète ses plaisirs que du prix des malheurs!

Pour être heureux encor fuis la cléricature :
Comme un vautour cruel recherchant sa pâture,
Le clerc insatiable arrache aux malheureux
Ce que sa serre avide a trouvé dans tous lieux.
Pour amasser de l'or l'avocat est vipère,
Au gibet de la Grève il traînerait son père ;

Vertus et probités sont par lui dédaignés,
Ses maux sont éternels, toujours réitérés.

Le bonheur de la vie est un léger nuage,
Il faut donc le saisir au moment du passage;
A la cour de ces rois contemple les varlets,
Qui la dague à la main précèdent les harlets;
Mille hérauts à cheval en sonnant de la trompe,
Embellissant la marche, augmentent cette pompe:
Crois-tu que cette troupe est là que pour l'honneur?
L'homme ne s'arme point quand il est sans frayeur.
Ces palais somptueux sont des prisons dorées,
Par la crainte et les pleurs elles sont habitées,
L'homme vraiment heureux est celui dont le cœur,
Oubliant le passé, ne voit que le bonheur;
Tel est le vrai poète, il est riche sans cesse,
Du sein de la misère il chante la richesse :
Sous un chaume couvert il vante un beau palais;

Tout lui paraît réel au gré de ses souhaits.
Hélas! redit l'amant, que faudrait-il donc faire?
Que l'Amitié, mon fils, te reste toujours chère!
Aimer est pour le cœur ce que voir est aux yeux;
Auprès d'un tendre ami combien l'on est heureux!

❀

XXV.

Un jour la jeune Irsca, l'ornement du village,
Recevait de Tircis le baiser et l'hommage :
Aux pieds de son vieux père en se jetant soudain :

Tircis m'aime, dit-elle, accordez-moi sa main;
L'octogénaire alors s'écrie avec colère:
Malheureuse, tremblez! redoutez votre père!
Si jamais ce berger vous redit ce serment,
Il perdra par ma main l'amour, le sentiment!
La fillette en pleurant accourt chez bon ermite,
C'est à la jeune Irsca, par la Vierge, ouvrez vîte.
Mon père me défend d'aimer le beau Tircis;
Dieu défend-il d'aimer? Parlez; je le chéris:
Il m'a donné son cœur aux genonx de Marie,
Jésus était présent, cet enfant m'a bénie;
Venez fléchir mon père, et Dieu vous chérira!
Dieu, ma fille, dit-il, sans cesse t'aidera,
Ce soir, près du bosquet viens cueillir une rose;
Là, tu la trouveras brillante, à peine éclose:
De ton joli corset qu'elle soit l'ornement,
Pour fléchir le courroux c'est un sûr talisman.
A peine le soleil allonge-t-il son ombre,

Que l'ermite en silence arrive d'un air sombre,
Sur la charmante rose il jette une liqueur,
Et s'enfuit en désordre en regardant la fleur.
Alors la jeune Irsca, retenant son haleine,
Arrive à pas craintifs dans cette vaste plaine,
Sa main cueille la fleur, la porte sur son sein;
Elle veut fuir!.. Grands dieux!.. elle va.. C'est en vain,
Une pâleur mortelle a couvert son visage,
Et ses pas chancelants suspendent son voyage;
Elle appelle... Et sa voix ne peut articuler,
Elle tombe sans vie au pied du beau rosier!
L'ermite triomphant veut couronner son crime,
Il arrive en tremblant auprès de sa victime.
En la voyant, hélas! il demeure interdit:
L'avidité du crime aussitôt l'enhardit:
Auprès de cette amante il demeure immobile,
Et sa main criminelle en s'arrêtant vacille....
Tircis dans le lointain en troublant le repos,

Faisait dire gaîment ses amours aux échos.

Il faut aimer fillette,
Car le temps va fuir.
Quand l'on est gentillette,
Songez au plaisir!
Le jour succède à l'aurore!
L'hiver au printemps,
Elle est jeune encore,
Irsca, soyons amants!

DEUXIÈME COUPLET.

Tous deux n'ayons qu'une ame,
Nous n'avons qu'un cœur;
Trompons par notre flamme
Ce vieillard trompeur.
Pour lui couper les ailes
Offrons-lui des fleurs,

Et devenons fidèles
En partageant nos cœurs.

TROISIÈME COUPLET.

Miro près du bocage
Chantait l'avenir;
Ce n'est point là le sage,
Il chante le plaisir!
Que le passé s'oublie,
Et point d'avenir;
Pour braver la vie
Heureux qui sait jouir!

Quels sanglots étouffés vont l'arrêter si vite?
Médor ouvrant les yeux, en hurlant prend la fuite;
Tircis écoute, avance et recule effrayé....
Il voit l'ermite encor sur un arbre appuyé,
Contemplant à ses pieds la belle évanouie.

Le remords l'arrêtait, ô vengeance inouïe!
Auprès de son amie il court avec effroi:
C'est ton amant, Irsca, vite réveille-toi!
C'est moi!...c'est ton ami!.. Rien!.. Froide, inanimée,..
Il arrache aussitôt cette rose fanée...
O prodige! O miracle!.. Il entend un soupir....
La couvrant de baisers, ivre de son plaisir,
Il voit la jeune Irsca semblable à cette rose,
Que l'aquilon cruel à son désir dispose
Reprendre du zéphyr son éclat, sa beauté:
L'ermite! dit Irsca, d'un regard effrayé,
Ami, fuyons! dit-elle, arrivons vers mon père,
Tu m'as sauvé la vie. Ah! tu sauras lui plaire!

Vieillard inexorable, il repousse l'amant,
Pour l'avoir, lui dit-il, il faut beaucoup d'argent!
En le pressant encor, fuyons, lui dit la belle,
Ah! malgré tous les dieux je te serai fidèle!

Dans un lointain hameau recherchons le bonheur,
Il existe toujours où réside le cœur!
Bientôt l'astre du soir tout couvert de nuage,
Semblait leur dire : amants, je guide le voyage,
L'un sur l'autre appuyés ils s'en vont à pas lents;
Et le Dôme étoilé de rayons éclatants,
Eclairait le sentier et leur marche incertaine;
Où fuir... Allons sans crainte, où l'amour nous amène.
De nuages impurs se couvre l'horizon,
Un vent froid, glacial et du septentrion,
Perçait de leurs habits l'étoffe trop légère :
Ils voyaient s'éclipser l'étoile passagère;
L'arbre par l'aquilon gémit en se courbant,
Borée entre les monts s'arrêtait en sifflant;
La pluie avec fracas inondait la prairie,
Et traînait aussitôt de leur rive fleurie
Tous ces légers ruisseaux devenus des torrents,
En épaisse cascade ils tombaient bouillonnants.

Ils cherchaient un abri sous un antique chêne,
Ils paraissaient heureux puisque l'amour les mène.
Tout leur semblait mensonge en cette obscurité!
Bientôt un bruit leur dit : c'est la réalité!
L'éclair en sillonnant précède le tonnerre,
Et luit sur ces vallons formant une rivière.
Par la fatigue Irsca tombe sur un rocher,
Tyrcis en la nommant la couvre de baiser...
Ciel!.. Irsca!. chère amante!.. Hélas! Tyrcis soupire..
En s'efforçant encor la belle veut sourire...
La foudre gronde, luit!.. cette amante n'est plus.
Il l'appelle toujours, ses cris sont superflus!..
En ce lieu de douleur où la beauté succombe,
Tyrcis en gémissant vient lui creuser sa tombe,
Il dépose aussitôt ce cadavre sanglant,
Et s'enferme avec elle en ce noir monument :
Tous deux vers l'Eternel montent toujours fidèles,
Leurs fronts sont encor ceints des palmes immortelles,

Sur la tombe il grava ce distique pieux :
Vivre et mourir ensemble, et nous serons heureux!
Bonheur, illusion, vous n'êtes que chimère;
L'amitié plus que vous est le don de la terre!

❋

XXVI.

Que toujours la justice arrive parmi vous,
Elle augmente la paix, apaise le courroux.
Dans ce temps si fertile où Saturne en roi sage

Rappelait du bonheur le délicieux âge,
Jupiter en fureur voulut punir son fils;
Mais sous le bon vieillard tous les forfaits punis,
Par le maître des dieux n'étaient point tolérables;
L'exemple de Vénus sont des preuves palpables.

Que l'amour du prochain te devienne sacré.
Qu'il est doux, qu'il est beau d'aimer l'humanité!
Roi tyran, inhumain, abandonnez la terre,
Ta puissance infinie est rien qu'une chimère!
Pour aider le malheur qu'a-t-on besoin de lois
La conscience, le cœur devront être des rois!
Que j'aime à contempler la jeune chatelaine,
Qui sous le triste chaume accourt, vite, hors d'haleine,
Prodiguer tous ses soins aux malheureux souffrants,
Consolant les vieillards, bénissant les enfants.

Oh! combien voyons-nous en ces jours d'infamie,

De juges corrompus prêchant la calomnie!
Ils ordonnent la mort quand eux pour leur forfait,
Méritent l'échafaud, la grève ou le gibet.

Voyez cet Appius, lâche autant que barbare:
Par les grandeurs navré tout lui semblait avare;
Regorgé de plaisirs, ils étaient ennuyeux;
Il fallait d'autre éclat pour éblouir ses yeux :
Au lâche Claudius il ordonne le crime,
Déhonté courtisan il cherche une victime.
Lorsque Virginius combat pour son pays,
Lorsque son arc fléchit sous ses bras affaiblis,
Le Décemvir alors veut séduire sa fille :
Tu résistes, dit-il, malheur à ta famille!
Au tribunal romain, aux pieds de Clodius,
Tu songeras alors aux faveurs d'Appius!
Tu me refuse encore, et mes vœux tu les braves,
Eh bien! tu grossiras le nombre des esclaves!

Au tribunal auguste un Claudius vendu,
Condamne au déshonneur la beauté, la vertu.
Par les ans accablé Virginius arrive,
Quels accents douloureux l'atteignent sur la rive!
Il voit... Ah! quel objet pour les yeux d'un guerrier...
A ce seul mot d'esclave il court, il va s'armer:
Ma fille! Mourir libre au sein de l'innocence
Doit être dans ce jour ton unique vengeance!
Malheureux assassin et juge des forfaits,
A nos dieux infernaux je te voue à jamais!
Au cœur de Virginie il enfonce son glaive;
Elle tombe à ses pieds, en vain elle se lève
Et retombe sans vie aux genoux d'Appius....
Par des cris de fureur ses cris sont répondus.
L'infame Claudius ne peut trouver asile,
A ce peuple en courroux sa prière est stérile:
Par ses complices même il est abandonné;
Aux pieds d'un peuple libre il se jette effrayé;

Sa main cherche à parer le glaive populaire,
Il tombe sous les coups, son sang rougit la terre :
Claudius dans un fort à vivre est condamné,
Du trône à la prison il n'est qu'un seul degré.
De cet arrêt encor l'on connaît la maxime,
Pour les juges, la mort! la prison pour le crime!.

❀

XXVII.

Que me sert donc, Raison, tous ces discours pompeux?
N'entends-tu point mes pleurs, connais-tu point mes vœux.
De la Rose charmante ignores-tu l'histoire?
Elle gémit encore en cette prison noire!

Il faut aimer, amant, les dieux l'ont ordonné,
Mais il est un devoir, tu l'as abandonné ;
Tu veux tromper la Rose, et par un vain caprice,
Pour la quitter bientôt employant l'artifice,
Chagrin, tu la fuiras en contemplant ses pleurs,
Tu diras tristement : j'ai causé ses douleurs !
L'innocente beauté, moi ! je l'ai profanée,
Semblable au noir Typhon, amant, je l'ai fânée !
Que tes larmes alors forment d'épais ruisseaux ;
Le déshonneur accourt bien plus prompt que les flots,
Rien ne peut arrêter sa marche vagabonde,
Il montre à l'univers sa tête furibonde :
Il publie en tous lieux ses horribles méfaits,
La Honte le conduit augmentant ses souhaits.

Il est pour le bonheur un amour tendre et sage,
C'est celui qui nous joint par le saint mariage ;
La nature l'ordonne, il nous faut obéir,

Nous devons empêcher la race de finir.
Qui ne veut reproduire est indigne de vivre,
Qui ne sert son pays ne pourrait être libre.
Vois le lion superbe, il défend ses petits,
Le lâche et cruel tigre adore aussi ses fils;
De l'aigle fier, altier, aux tendres tourterelles
Il n'est qu'un seul degré des amours maternelles.
Il te faut une amie à qui tu sois constant.
Perdu, seul, isolé, l'existence est tourment :
Quelle félicité de partager sa vie
Entre de chers enfants et leur mère chérie,
Et de leur jeune cœur guider les sentiments!
Reconnais de l'hymen tous les charmes puissants.
Ce n'est point la beauté que doit chérir ton ame,
Prends le cœur que guidait la véritable flamme,
Qui simple dans son air, modeste en son maintien
Ne cherche point le faste et s'amuse d'un rien;
Que ses discours sensés te consolent sans cesse,

Te fassent éviter de trouver la tristesse :
Je n'ose dire, hélas !.. cherche, connais son nom !.. —
— Ah ! qu'osez-vous m'offrir ? C'est la triste Raison !.. —
Moi-même je te prends, reconnais ma puissance,
Tu trouveras alors la noble indépendance :
A ce sincère aveu je te vois étonné,
Ma voix à ton oreille a donc bien mal sonné ?
La femme qui dit : j'aime, est toujours dédaignée.
De tes refus, cruel, je serais indignée ;
Songe que la Raison n'implore pas en vain,
Étends vers ma sagesse une tremblante main :
Qu'aucun refus, amant, de ta bouche ne sorte,
Laisse qu'à mes autels bientôt je te transporte.
Tous ceux que mon amour a vus ou protégés,
Au temple de la gloire ils se sont propagés.
Vois le sage Socrate, il brava la fortune,
A son œil clairvoyant ne parut l'infortune.
Il n'abusait jamais de la prospérité,

Et se fermait les yeux contre l'adversité :
Ses jours, comme un ruisseau qu'aucun rocher n'arrête,
Coulaient en murmurant vers la mort qui s'apprête.
Diogène, Héraclite, ennemis des puissants,
Sous des lambeaux couverts marchaient heureux, contents :
Pour troubler leur bonheur point de fausse espérance,
Ni l'or, ni ses tourments n'arrêtaient leur constance ;
Semblable à ces roseaux que les vents font plier
Ils vivent plus long-temps que le grand chêne altier :
Au temple de la gloire ils montrent leur cynisme
Et se font admirer par tout leur rigorisme.

❀

XXVIII.

Pour l'ingrate fortune on a séduit ton cœur,
A son temple adoré contemplons la douleur!
Aussitôt dans les airs un bruit se fait entendre,
Une barque légère à nos pieds vient descendre,

15

Quatre Amours s'embarquaient, et traînant l'aviron
Au gré de leur désir conduisaient la Raison;
L'un d'eux au gouvernail se guidait sur l'étoile,
Tandis qu'un plus timide y déployait la voile:
Zéphyre en murmurant en poupe les vaisseaux
Dont le léger scillage écarte tous les flots.
L'horizon s'obscurcit d'une vapeur légère,
L'Amour en la voyant s'écrie aussitôt : terre!

Une onde cristalline et d'extrême blancheur
D'un ciel d'or et d'azur réflétait la chaleur.
Borée en se jouant troublait la paix profonde,
Frisant légèrement la surface de l'onde.
En ce lieu de délice aux plaisirs consacré
S'élevait un rocher montueux, escarpé;
Tous les sentiers étroits bordés de fleurs charmantes
Nous forçaient à fouler ces beautés innocentes;
Là l'olivier fleuri s'abritait du laurier,

Et croissaient confondus aux palmes du guerrier :
Les arbres se courbant en dôme de feuillage
Jetaient sur le gazon un salutaire ombrage ;
Vingt ruisseaux murmurants en d'agrestes détours
Par le courant conduits inondaient ces séjours,
Où la semence était au gré de la nature,
Où les fruits et les fleurs venaient tous sans culture.
Des temples élégants formés de massifs d'or,
Recouverts par les fleurs nous étalaient encor.
De jeunes déités adorant le Caprice,
Qui cherche à les tromper par un fol artifice :
La jeunesse invoquait l'amour et le bonheur,
Elle verse en leur coupe un breuvage d'erreur,
Qui leur fait oublier la douce jouissance,
Leur présageant encor les maux et la souffrance.
Au son du tambourin s'assemble le plaisir,
La beauté pétulante inspire le désir.
Sur la branche flexible écoutons Philomèle,

Par ses accents plaintifs il pleure la cruelle;
A côté, la colombe enseigne l'art d'aimer,
Elle semble nous dire : amant, il faut charmer!
La fortune en ces lieux vêtue en souveraine,
Garde la majesté d'une déité reine :
Repoussant aussitôt désirs luxurieux,
Elle ordonne l'erreur d'un air majestueux;
Là, deux fleuves traînant leurs ondes bouillonnantes,
Dans le vaste Océan se jettent écumantes.
L'un par un doux murmure appelait les mortels,
La vestale y puisait l'eau sainte des autels,
Les dieux et les humains encombraient son passage,
Et maudissaient toujours de l'autre le rivage,
Car son onde bourbeuse arrive tristement
En ces lieux qui pour eux est un affreux néant :
A la source divine on trouvait que chimère,
Tandis que l'autre fleuve est le bonheur de plaire;
L'un est illusion, l'univers l'adorait;

L'autre est réalité chacun le méprisait. —
Raison, fuyez! lui dis-je, en ces lieux pleins de charmes
Je veux vivre toujours, j'y serai sans alarmes! —
— Arrêtez, téméraire, et qu'osez-vous penser!..
Là, des tourments sans fin viendront vous accabler!
Vois ce ciel nébuleux se couvrant de nuage,
Poussé par l'aquilon il couvre son passage;
L'astre brillant du jour a perdu sa clarté,
Chacun fuit effrayé de cette obscurité;
L'ambitieux craintif par un regard horrible,
Prévoit tous ses malheurs, d'un œil morne et terrible.
La mer en mugissant submerge le rocher,
Les vents en tourbillons accouraient l'écraser;
Les vagues se courbant se perdaient dans les nues,
En torrents bouillonnant retombaient répandues.
L'éclair en paraissant fait fuir la sombre nuit,
La foudre en sillonnant consume le réduit,
Éclairant ce distique écrit en traits de flammes;

Ces maux, ambitieux, toi seul tu les réclames!

La mer en s'apaisant se retira soudain,
Des nuages légers colorent le lointain.

En cette île perfide il n'est plus d'espérance,
Le plaisir a fait place à l'indigne souffrance.
Plus d'aimables beautés ni des rosiers charmants;
Dans les chardons touffus les monstres effrayants,
Proclament la fureur en recherchant les crimes,
Au bûcher de l'envie immolent des victimes.
La fortune abattue arrive en gémissant,
Une pâle lueur éclaire son tourment:
Sur un trône éclatant que les bûchers réflètent,
Que les fureurs encor par tous leurs sabbats fêtent,
La Fortune à pas lents que précede un flambeau,
Attend que l'Amour vienne attacher son bandeau.
En ce lieu de douleur répandant ses largesses,

Elle jette aussitôt ses puissantes richesses :
Le baudrier, l'épée arrivent aux prélats,
La soutane et la tiare aux varlets, aux soldats ;
Celui qui la poursuit les monstres le dévorent,
Mais ceux qui veulent fuir de tous ses dons s'honorent,
L'inconstante Fortune opposée aux honneurs,
Qui cherchant leurs amis les comblent de faveurs,
Ne prodigue ses dons qu'au seul fortunicide :
Imitez-la, tyran, et plus de régicide ! —
—Eh bien ! dit la Raison, cherches-tu le bonheur,
Que t'en semble, dis-moi, de cet aspect trompeur?
Pour juger la beauté ne crois point au caprice,
L'âge peut appeler la jeunesse factice.
L'éclat d'un beau manteau peut cacher la laideur,
Le voile de Rhéa peut couvrir la fureur :
Aux leçons de Pâris ne parais point rebelle,
Que la beauté sans fard devienne la plus belle.
L'inconstante fortune élève les puissants,

Les mortels envieux recherchent leurs présents,
Eh! malheureux, cessez! ce roi sacré, suprême,
Veut gouverner le monde et s'égare lui-même.
De honte rougissez et frémissez d'horreur!
Au faîte des grandeurs quand la fortune élève,
Quand du pied de ce trône une rumeur s'élève,
Quand elle voit ce trône ébranlé, chancelant;
Du faîte des grandeurs à l'éternel néant
Elle pousse aussitôt et se rit de la chute:
Pour braver la fortune il n'est qu'un parachute,
Heureux qui le connaît, c'est le noble mépris!

❋

XXIX.

Pour commander le monde un vil Romain jadis,
Laissant le sceptre d'or pour le masque comique,
Au nombre des lutteurs descendait dans le cirque;
Le peuple murmurait et n'osait s'exprimer;
Car l'aspect d'un tyran fait toujours frissonner;

Mais un royal ennui vint bientôt le surprendre,
Il veut voir à l'instant ce qu'il n'a fait qu'entendre:
Il admire le sang à grands flots répandu,
Et le dernier soupir du combattant vaincu.
Il contemplait encor quand déjà préparée,
Cette coupe fatale au poison destinée,
Des lèvres de son frère approchait lentement:
Néron la voyait, dis-je, et sans frémissement!
Des frères ennemis c'était pour lui la scène,
Il dédia ce crime aux jeux de Melpomène.
De sang rassasié pour un plaisir nouveau
Il veut de Rome en feu contempler le tableau;
Quand l'astre de la nuit de ses voiles funèbres,
Confondait l'univers dans d'épaisses ténèbres.
Cet infame Néron, par Locuste guidé,
Traversait à pas lents la vaste obscurité;
De roses couronné, vêtu de la clamyde;
Du haut de cette tour en cette nuit humide,

Il troublait par ses chants le silence des cieux,
Faisant retentir l'air du luth harmonieux :
Dans les bras du plaisir il chantait l'innocence,
Tandis que le guerrier poursuivant sa vengeance,
L'œil farouche et hagard, la flamme dans la main,
Venait d'incendiaire, effroyable assassin;
En tourbillon épais s'exhalait la fumée;
La flamme dévorante embrasait l'empyrée,
Ecartant cette nuit, ces nuages obscurs,
Et les éclairait tous de ses rayons impurs.
Admirables clartés pour les yeux d'un monarque!
Néron l'apercevant aussitôt la remarque,
A ses vils courtisans il montre ces horreurs
Et leur fait distinguer ces scènes de fureurs :
C'est un fils expirant dans les bras de sa mère,
Tandis qu'un fils pieux cherche à sauver son père.
Le vertueux Sénèque aux crimes opposé,
Par les mains de Néron voit le bain disposé :

Dieux!. Ecoute! entends-tu cette voix si plaintive.
De ces derniers accents la tigresse est craintive!!..
Tais ce crime inoui, lui-même il en rougit,
L'hyène sanguinaire en le voyant pâlit!..
C'est encore Néron; par un retour funeste
Il veut ressusciter la vengeance d'Oreste;
Quand du sang de sa mère un poignard s'est rougi,
Il vient vers ce cadavre, et de sang assouvi
Il voit sans s'étonner cette bouche expirante,
Lui pardonner encore en mère bienfaisante!
Il contemple à loisir ce sein qui l'a porté,
Auprès de sa victime il accourt transporté:
Enivré par le vin ce cœur triste et sauvage,
Aux membres de sa mère offre encor son breuvage.
Quand la fortune au trône éleva ce tyran,
Ce fut pour éclairer ce peuple confiant,
Et pour épouvanter la puissante noblesse
Qui se croirait permis d'oublier sa promesse.

XXX.

Que cet exemple-ci leur montre le devoir,
Lui commandant la mort, ne put la recevoir.
Il fallut que sa main déchirât ses entrailles;
Que, semblable aux larrons fuyant sur les murailles,

En son jardin obscur évitant la prison
Qu'il mourût isolé sans consolation ;
Emportant avec lui le mépris de la terre!
Son cadavre sanglant traîné dans la poussière,
Semble dire au despote : à tout il faut un frein!
A souvent effacer l'on userait l'airain.
Le peuple en son repos a méprisé l'outrage,
Aux ordres du tyran il laisse un vrai passage,
Mais bientôt il s'éveille et semblable au lion
Il mugit, bat des flancs, poursuit la trahison,
L'écrase dans sa griffe hérissant sa crinière,
Et s'arrête à l'instant oubliant sa colère.

XXXI.

Souvent un léger songe est un avis divin,
C'est l'envoyé des dieux auprès du genre humain.
En son palais pompeux que la pourpre environne,
Crésus par un beau songe oubliant sa couronne,

Dans les bras de Morphé crut trouver le bonheur;
Enivré de plaisir par cette douce erreur,
Il arrive en sa cour où s'assemblent les sages:
Ecoutez, leur dit-il, des dieux tous les messages!
Fatigué de ce trône, ennuyé de cet or,
Mes yeux appesantis parmi tout ce trésor
Se fermèrent bientôt; emporté par un somme
Dans le sommeil plongé je n'étais plus qu'un homme:
Les dieux m'ont dit alors: grand mortel, sois heureux!
Du haut d'un labyrinthe un chemin tortueux
Par des roses bordé me conduit sous un chêne
Qui s'élevant en dôme ombrageait une plaine,
Humide de rosée et que couvraient des fleurs
Dont l'éclat du soleil décorait les couleurs.
Navré par le plaisir, assis sous cet ombrage,
J'écoutais lentement le bruisse du feuillage,
Lorsque du haut des cieux la foudre vint gronder;
Des démons éperdus accourent me tenter:

D'un guerrier paladin l'un prend l'air et la forme,
En caduque bavarde un autre se transforme,
Sous mille traits divers ils veulent me tromper,
Mon aspect martial vint les épouvanter;
A l'arbre de Jupin, dans une nuit si sombre
Où tout se confondait dans le silence et l'ombre,
Ils m'attachèrent tous, riant de ma douleur,
Et leur danse infernale augmentait ma frayeur :
J'aperçois sous mes pieds un bûcher qui s'allume,
La flamme en s'élevant aussitôt me consume :
Jupiter en courroux sur son aigle monté,
En brandissant sa main fait fuir l'obscurité;
Sur le feu dévorant il jette l'ambroisie,
Et me rend lentement une pénible vie.
Phébus en souriant chasse ce ciel obscur
Et fait luire à l'instant un ciel brillant et pur;
Dans un temple sacré qu'habitaient les Pleyades
Je me vis sur un lit servi par les Nayades,

L'une parait mon front de roses et de lis,
L'autre me présentait les graces et les ris.
J'admirais ces beautés lorsque parut l'aurore,
Dont le rayon léger sur mes yeux qu'il colore,
Me retire aussitôt de ce rêve enchanteur;
Je crus à mon réveil que tout était bonheur.
Mon père, dit Phanie, oubliez ce mensonge,
Les dieux vous ont parlé dans ce malheureux songe:
Mais vos yeux éblouis par l'éclat de l'orgueil
Ont cru voir le bonheur même dans cet écueil;
De la prédiction écoutez le mystère,
Vos yeux s'enflammeront d'horreur et de colère:
Ils veulent dans ce jour, comme au simple ribaud,
Vous envoyer du trône à l'infame échafaud.
Ce labyrinthe encor de Lydie est l'emblême,
Ces roses du plaisir du peuple est l'anathème,
Qui poursuivant vos pas les conduit au gibet
Et ce dôme d'ombrage est du deuil le reflet:

Cette foudre soudaine est la voix populaire,
Dont les mâles accents sont comme le tonnerre;
En démons éperdus je vois les courtisans
Qui voudront vous tenter par des soins différents;
Le guerrier vous dira : pour gouverner sans crainte,
Massacrons sans pitié ! n'écoutons point la plainte!
La femme près de vous cherchera le plaisir,
Peuples, payez ! dit-elle, et roi, sachez jouir !
Cet arbre de Jupin sera le précipice,
Que creuseront, pour vous, la fraude et l'artifice:
Ce bûcher qui s'allume et vole en tourbillon,
Vous annonce qu'approche un sacré bataillon;
Vois en foudre du dieu l'arme exterminatrice,
Armant le bras du peuple et chassant la malice:
L'ivresse du plaisir que donne la beauté,
Est la mort qui s'apprête et vole à son côté.

Au nom des dieux, mon père, évite le supplice;

De la fortune encor reconnais le caprice!
Par la gloire enivré l'on ne croit au malheur,
L'expérience ennuie et l'on aime l'erreur.
Quand nous sommes heureux songeons à la misère;
Le Caprice a bâti le palais, la chaumière,
Il a dit aux mortels : avancez sans trembler,
Et que le plus adroit devienne le premier!
Pour ordonner la loi, pour commander la terre,
Quel mérite éclatant t'a rendu téméraire?
Qui t'a donné ce trône? Est-ce donc ta vertu
Qui de ces Lydiens t'a fait maître absolu?
Au-dessus des mortels qui donc t'a fait paraître?
Pour monter sur un trône il t'a suffi de naître.
A tous les Lydiens un seul donne la loi,
Que ta seule vertu te proclame leur roi!
Sois généreux et grand! prodigue la richesse
Aux vertus, aux talents, mais fais fuir la bassesse.
Du peuple qui te sert sais captiver le cœur,

Au lieu de l'opprimer sois donc son serviteur;
Insensé, qui se croit le maître de la terre!
Il n'est comme un ribaud que fange et que poussière!
Appuyé sur un sceptre il se croit fils des dieux.
Il opprime, il commande, et se rend odieux.
Mais le peuple en courroux lui fait bientôt connaître,
Qu'il veut un serviteur, et non jamais un maître:
Il voit à ses dépens quelle était son erreur,
Le plaisir du tyran est voisin du malheur;
Sait-il de quels décors la couronne est ornée?
Sur le noir échafaud toujours elle est posée.
Muet à ce discours, Crésus voyant son or,
Abandonne Phanie et le contemple encor:
Le fou dans ses vapeurs ignore sa folie;
Il revient aussitôt, en s'arrêtant s'écrie :
De ces leçons Phanie ignores-tu l'horreur?
Pour gouverner un peuple il faut force et terreur.
Le peuple me chérit, les courtisans le disent,
Et jamais leurs discours pour moi ne contredisent.

O rois qui me lirez, ici tremblez d'effroi!
De la sage Phanie observez donc la loi :
A terrorifier l'on se creuse une tombe.
Qui veut assassiner le plus souvent succombe.
Le superbe Crésus doit vous épouvanter,
Il mourut dans les fers en voulant commander.

❀

XXXII.

L'inconstante fortune, en son temple adorée,
Repousse avec dédain ceux qui l'ont honorée:
Par l'amour dirigée en chemins tortueux,
Elle guide aussitôt les êtres malheureux;

A qui ne l'attend point elle apparaît fidèle,
Mais à l'ambitieux elle est toujours rebelle,
Pour qui veut la connaître, il faut lire Attalus,
Dont les divers talents ont été reconnus :
Le premier il apprit, par un nouveau langage,
A distinguer l'esprit de la belle volage ;
Inventant les échecs, il nous montra le sort,
Distribuant à tous ou la vie ou la mort.

Un jour Charles d'Anjou, noyé dans la tristesse,
Souriait de pitié, voyant la douce ivresse
Que goûtaient des bergers, qui, gardant leurs troupeaux,
Par des jeux innocents consacraient leur repos
Sous un chêne élevé, dont le touffu branchage
Répandait sur la terre un salutaire ombrage ;
Tandis que leurs troupeaux, accablés de chaleur,
Couchés sur la verdure, attendaient la fraîcheur,
Au son de la musette ils effleuraient la terre,

Enlevant dans leurs bras, en dansant, leur bergère:
Charle arrive auprès d'eux, contemplant leur bonheur :
Les bergers stupéfaits le voient avec frayeur :
Le plaisir a cessé lorsque parut le maître,
A ses yeux inquiets chacun veut disparaître:
« Réponds, bon villageois, qui te rend si joyeux?
Tu vis au jour le jour et tu parais heureux!
Si tes travaux cessaient, que pourrais-tu donc faire?
Tes enfants au berceau périraient de misère;
Tu les verrais mourir, par la faim tourmentés,
Si tes bras vigoureux se trouvaient arrêtés :
Tous les maux réunis te poursuivent sans cesse,
Insensé! de jouir as-tu donc la faiblesse? »
« Sire! dit un pasteur, faut-il prévoir les maux?
La vie est un torrent; elle traîne ses flots,
Tantôt dans des jardins qu'embellit la culture.
Tantôt dans les déserts de l'aride nature :
Souvent l'astre du jour fuyant l'obscurité,

Par un léger nuage a perdu sa clarté.
Heureux qui sait jouir et mépriser la vie,
Noyons dans le plaisir toute mélancolie :
Oublier le passé me paraît un devoir,
Qu'importe l'avenir qu'on ne saurait prévoir ?
Si le présent sourit, livrons-nous à la joie
Aux douleurs des revers ne soyons pas en proie :
Les larmes et le deuil ne rendent point heureux,
Ils ne font rien aux morts, nous rendant malheureux. »
— Les bergers s'unissant recommencent leur danse,
Leurs voix dans le lointain s'éteignent en cadence.
Le bonheur est aux champs, dit Charles emporté,
La cour et ses plaisirs ne sont que vanité,
Dans quel ravissement leur vrai bonheur me jette !..
Heureux qui pour son sceptre a la champêtre houlette!
Il dit aux courtisans : préparez donc les jeux,
Je veux pour un moment redevenir heureux :
Du combat des échecs il revoit la figure,

En regagnant sans cesse il voit l'heureux augure ;
Mes amis, leur dit-il, les dieux l'ont ordonné !
Volons aux champs d'honneur, j'y serai couronné!
J'ai vu par ces échecs une heureuse victoire,
Que nous prédit Jésus pour nous couvrir de gloire:
Des Mainfroi, Corrandin, envieux de nos biens,
Ils ont voulu briser le temple des chrétiens!
Par mille cris divers le guerrier prend les armes,
Aux camps de Corrandin il répand les alarmes....
De cette histoire horrible il faut taire l'horreur,
Ils ont transnonisé dans ces jours de fureur!
O prodige éclatant des victoires chrétiennes !...
Te souvient-il, lecteur, des vêpres siciliennes?...

XXXIV.

Muse, suspends le cours de ces affreux forfaits,
Cache ces jours obscurs sous des voiles épais :
Des pleurs de cet amant il faut tarir la source,
Il est pour le sauver une seule ressource :

Amant! écoutez bien quand parle la Raison;
Il n'est pour l'art d'aimer qu'une seule saison;
Tu veux cueillir la rose, et la Raison t'arrête,
Incrédule à sa voix ta vengeance s'apprête,
Tu vas gémir long-temps et toujours sans espoir,
Tu veux cueillir sans peine et sans jamais échoir.
Tu souffriras, amant! en perdant l'espérance,
Les maux viendront en foule et suivront la souffrance;
Semblables à la foudre ils luiront en ces lieux,
Leurs éclats terniront cet astre lumineux.
L'espoir pour les mortels est un bonheur suprême;
Car l'espoir du plaisir passe le plaisir même.

❀

XXXV.

Sous le dôme enflammé, dans son char éclatant,
Sur un cercle de feu l'essieu tourne en criant;
Jupiter apparaît faisant trembler la Terre,
L'aigle majestueux précède le tonnerre,

L'Amour auprès du dieu vient foudroyer l'Ennui,
Le Plaisir près de lui court chercher un appui;
L'Aurore aux doigts de rose, au teint blond et vermeille,
Prévenant les mortels aussitôt les éveille;
Les grâces et les ris précédant la beauté,
Par leur danse légère apportent la gaîté:
Le Temps au devant d'eux cherche à prendre la fuite,
Apollon par des fleurs le retient à sa suite
Au centre de ce globe ils placent deux tonneaux;
D'un fleuve du Tartare ils dirigent les flots;
L'Envie au teint plombé conduisait les Furies,
Écumantes de rage elles sont endormies;
Et l'aveugle Fortune en cherchant à veiller,
Laissait tomber ces flots sur qui veut approcher:
Les mortels éblouis par cet éclat suprême,
Ignorant des fureurs cet affreux stratagème,
En nappe cristalline ils voyaient tomber l'onde,
Dont l'humide vapeur s'exhalait sur le monde:

De roses couronnés ils s'avançaient gaîment,
Au son du tambourin ils venaient en dansant;
Pour ouvrir le cortége on voit l'aimable enfance,
Que guidait le plaisir et l'heureuse ignorance,
S'avancer en jouant, en parsemant de fleurs
Les ruisseaux gémissants que grossissent les pleurs:
La tendre adolescence accourait après elle,
L'amante à son ami jurant d'être fidèle,
De guirlandes de fleurs en s'attachant soudain,
Ils s'avançaient sans crainte en cet étroit chemin:
Conduit par l'amitié, venait l'Age stérile,
Par la crainte guidé, toujours froid, immobile,
Indécis et tremblant, il n'ose s'avancer,
Le bruit de ce torrent vient seul l'épouvanter.
Sur un jonc appuyée, et se traînant à peine,
Oubliant le passé la Vieillesse se traîne,
Pour implorer encore au temple somptueux,
Quelque espoir de bonheur, quelque don précieux.

Aussitôt l'onde impure en bouillonnant s'apprête,
Un bruit sourd et lointain par l'effroi les arrête,
Elle arrive en torrent et les submerge tous;
La Fortune en riant contemple son courroux.
Les soupirs des mourants, le désespoir, les larmes,
Pour les yeux des fureurs sont palpitants de charmes.

❀

XXXVI.

Pour posséder la rose il te faut espérer,
Ignores-tu quel prix t'a coûté ce baiser.
Pour la cueillir, amant, implore l'espérance
Si tu viens mon sujet, pour toi plus de souffrance!

Pour te rendre l'espoir il faut donner ton cœur,
Si tu veux m'obéir tu verras le bonheur.

Non, non, jamais! dit-il, te redonner mon ame
Serait me déclarer brigand ou bien infâme!
Il ne faut dans la vie avoir qu'un seul serment,
Si je le profanais j'aurais pour châtiment
La haine de l'amour, le mépris de toi-même :
Qui veut le violer mérite l'anathème;
Car le serment, Raison, des vertus est l'appui,
Il doit naître avec l'homme et mourir avec lui.
Je vois de tes discours toute la perfidie;
Pour m'arracher mon cœur arrache-moi la vie.
Sous un prétexte vain tu veux te faire aimer,
La femme séductrice a nul don de charmer,
S'il n'est plus de désirs, plus donc de jouissance:
Ah! je te vois traîtresse, abattant la puissance,
Protégeant l'opprimé, flétrissant l'imposteur.

Tu veux par ces discours t'emparer de mon cœur!
Quand le sexe charmant veut mettre dans sa chaîne
L'amant infortuné que la cruelle entraîne,
Elle doit éviter de dire, je chéris :
Semblable à la ribaude inspirant le mépris,
Ses charmes à nos yeux sont pareils à la foudre,
Cet éclat somptueux n'est plus qu'un peu de poudre.
J'aime à voir la beauté dont la douce candeur
Colore tous ses traits d'une tendre rougeur :
Dont les timides yeux ne fixent que la terre,
De tout objet impur fait fuir sa paupière.

La Raison souriant, d'un regard de pitié,
Semblait me dire : Amant! crains l'infidélité!
Tout-à-coup, d'une voix formidable et sonore :
Quoi! ces vils préjugés que cet astre colore,
Ne périront jamais tandis que tout finit!
Le mortel vertueux lentement s'obscurcit,

Et la mousse du temps vient effacer sa tombe;
Dans la nuit du néant tout l'univers succombe;
Le rocailleux rocher se réduit par les ans,
La cendre des héros vole jouet des vents,
De la fleur du printemps le souvenir s'efface,
Et les préjugés seuls laissent la même trace!
Admirons la nature en ses moindres bienfaits,
Accablons des erreurs les infâmes excès.
La parole légère est le reflet de l'âme;
Semblable au papillon toujours elle s'enflamme;
Pour captiver les cœurs étalant ses appas,
Elle offre l'espérance et borne là ses pas.
La nature a voulu, la femme cherche à plaire;
Celle dans ses discours pétulante et légère,
Ne voulant point voiler de nuages épais
De son cœur amoureux les pénibles secrets,
A bien plus de vertus que la prude hypocrite,
Qui ne peut dépasser une borne prescrite;

En longue périphrase, elle feint de voiler,
Ce qu'elle voudrait bien qu'on voulût deviner :
La vérité n'est rien, l'on aime le mystère,
Que l'on est fier de vaincre une beauté sévère !
La femme plus que l'homme a le secret d'aimer,
Le guerrier qui veut fuir feint toujours de s'armer.

XXXIII.

Les rois dans leurs grandeurs blasés de jouissance,
Ne cherchent qu'à tromper leur pénible existence:
Chilpéric sur son trône ennuyé de plaisirs,
Voyait naître en son cœur toujours nouveaux désirs,

Pour partager son sceptre, Andouare est ornée
Des vertus de son âge et de vingt ans parée :
Auprès de ce monarque inconstant et léger,
Cette jeune beauté n'osa plus demeurer ;
Sur son riant visage on voyait la franchise,
Aimer et refuser paraissait sa devise ;
La luxure auprès d'elle arrivait à pas lents,
Conduisant dans son char l'amour et les amants.
Sous un manteau léger sa forme gracieuse,
Se dessinait soudain sous l'étoffe moelleuse,
Que surchargeaient des fleurs, des plis et des abeilles.
Un sourire charmant sur ses lèvres vermeilles
Mettait à découvert des dents, dont la blancheur,
Faisait de ses yeux noirs ressortir la couleur :
Son inconstant époux a dédaigné ses charmes,
Aux pieds d'une inconnue il dépose ses armes.
Il voit de la Bohême arriver ses enfants,
Pareils à l'hirondelle ils cherchent le printemps,

Dans ces brouillards épais exhalés de la Seine;
Dans la sombre Lutèce un instinct les amène,
Les regards vers les cieux et guidés par l'espoir,
Ils s'avancent sans crainte en ce vaste manoir:
Par cent chemins divers poursuivant la fortune,
Toujours pour la trouver guettant l'heure opportune,
En troupe vagabonde ils se divisent tous:
Un jour, fuyant du guet l'impétueux courroux,
Non loin de Notre-Dame une troupe s'arrête,
Pour jouer un mystère aussitôt on s'apprête:
Une vieille s'avance habillée en démon:
Elle dit, que bientôt va paraître Typhon.
Tandis que les ribauds que la parade appelle,
S'assemblaient lentement sous la sombre chapelle,
L'enfer ressuscité prédit aux spectateurs,
Que le plaisir précède et suit tous les malheurs.
Sur une étroite corde une beauté légère,
Enivrait de plaisir, même le prêtre austère,

Que le devoir conduit auprès du sacré cœur.
Un silence subit règne sur l'auditeur,
Chacun s'avance, écoute, et le silence augmente:
On entendait dans l'air une voix gémissante
Dont la douce harmonie excitant le plaisir,
Arrachait les bravos, amenait les soupirs:

« Lise à quinze ans aimait un troubadour,
Ils se disaient : aimer est dans la vie.
Sur la tourelle elle est pendant le jour;
Pendant la nuit son ame était ravie,
Du songe heureux qui troublait son sommeil:
Bonheur, hélas! tu n'auras qu'une aurore;
Auprès d'Alix, Lise dormait encore,
La nuit s'enfuit, quel sera le réveil!

L'amant ingrat, abandonnant sa belle,
La lyre en main cherchait d'autres beautés:

Il vient un jour au pied de la tourelle,
Chantant gaîment : beaux jours, recommencez!
L'ombre s'approche et tout devient ténèbres,
Un froid silence appesantit ses yeux :
Un bruit lointain trouble la paix des cieux,
C'est un noir spectre, aux pas lents et funèbres.

Tu m'as trompée! Alix, il faut mourir!
Aux sombres bords viens pleurer avec Lise.
Ah! que de maux, Alix m'a fait souffrir!
L'onde légère en murmurant se frise,
Déjà la barque arrive vers le port;
Viens dans mes bras, restons toujours fidèles;
Près de ces lieux habitons les chapelles,
Pour être heureux accourons vers la mort!

Auprès de toi, Rose chérie,
Un contraire destin me suit de toutes parts

Gémir de ton absence a consolé ma vie :
Un Dieu cruel t'offrait à mes regards,
Semblable à cette fleur qu'embellit la rosée;
T'aimer était pour moi le besoin de mon cœur :
Ivresse du plaisir, prélude du malheur;
N'aimer que toi, c'était là ma pensée,
Et tu parais muette aux accents de mon cœur!

Oh! quand verrai-je paraître
Les bras de mon amie enlacés dans les miens!
Invoquant de l'amour les célestes liens,
Me dire pour t'aimer l'amitié m'a fait naître!
Plaintive, gémissante et froide tour-à-tour,
En pleurs je vois couler mes yeux brûlants d'amour.

Bientôt loin de ces lieux, dans ma douleur extrême,
En te chantant, mon luth reprendra ses accords;
Gémissant dans les bois et sur les sombres bords,

Annonçant que l'ingrate a craint de dire : j'aime ! »

Un bruit lent, monotone, interrompt ce silence;
L'astre brillant du jour scintillait sur la lance;
Bientôt à pas comptés, paraissent des guerriers,
Relevant jusqu'au front leurs pesants boucliers :
Dix bœufs d'un pas égal faisaient gémir la roue
Du char lourd et grossier s'enrouant dans la boue;
Chilpéric assoupi se réveille bientôt;
La voix à son oreille arrivant aussitôt,
Éloigne de son cœur cette douce paresse,
Qu'excite chez les rois la coupe de l'ivresse :
Son cœur n'est plus royal auprès de la beauté,
Du temple de l'amour naquit l'égalité.
Séduit par cette voix, il court, il fend la presse,
De voir la bohémienne à l'instant il s'empresse :
A ses pieds il dépose et son sceptre et son cœur,
La jeune Frédégonde est aussitôt vainqueur;

Sur ce char, où jadis s'ennuyait la puissance,
L'amant est à présent ivre de jouissance.
Le courtisan flatteur quitte cet air d'ennui,
Chacun dans le plaisir veut chercher un appui;
Du bruit des instruments l'heureuse symphonie,
Imitait de leurs cœurs la légère harmonie;
Dans le sein du plaisir tous les maux sont noyés;
Sous l'aile du bonheur ils se croyaient placés.
Amants! heureux amants, le bonheur est une ombre,
Sous les lambris dorés il devient triste et sombre,
Ce n'est qu'aux champs lointains et sous un ciel d'azur
Qu'il peut durer sans cesse et rester toujours pur.
Le bonheur de l'amant eut à peine une aurore;
Semblable au beau matin, que le soleil colore,
Et que les noirs autans arrêtent dans son cours,
Où la tempête suit tout l'éclat des beaux jours.
Du léger Chilpéric se voyant délaissée,
Dans la sombre vengeance elle est extasiée.

Andouare auprès d'elle ignorant sa fureur,
Lui parle avec franchise, et d'un air de candeur
Se plaint de son époux et de son inconstance;
Sa rivale l'entend, prépare sa vengeance.
Les voyant toutes deux s'entendre et se parler,
L'une naïvement, l'autre dissimuler,
L'on eût cru voir Satan, s'efforçant d'être aimable,
Pour séduire, tromper et pour rendre coupable
Cet ange radieux qu'a produit la vertu.
En l'entendant parler son cœur est abattu.

Auprès de Chilpéric, Frédégonde s'avance:
Ingrat! dit-elle, ingrat! ton malheur recommence;
Cette jeune Andouare a captivé ton cœur,
Toi seul tu crus cueillir cette innocente fleur,
Eh bien! pour t'accabler les dieux l'ont fait paraître
Comme toi c. iminelle, et tu le verras, traître!
Un amant auprès d'elle arrivant criminel,
Su: ton sanglant cadavre élevera l'autel,

Où s'unira bientôt cette reine brillante,
Qu'accablaient tes présents, ton amitié constante!
Désir toujours nouveau, plaisir voluptueux,
Et de tous ses amants le cortége nombreux,
Au lieu de t'éclairer et de la rendre infâme,
Ont fait naître pour elle une secrète flamme!
Et moi dans mes discours, où règne la candeur,
Je ne puis obtenir aucun espoir flatteur!
A ces mots, le monarque ému jusques aux larmes,
Pour venger Frédégonde accourt chercher ses armes;
Mais aussitôt un sage, arrêtant son ardeur,
Lui dit : Messire roi, bénis ton serviteur :
Pour venger l'opprimé, pour aider la misère,
J'entre dans les châteaux, j'accours à la chaumière;
Dans mon heureux village on respecte mes ans,
Car naissent des glaçons, les roses du printemps.
Que j'ai vu de beautés, pétulantes coquettes,
Inventant pour charmer mille peines secrètes!

La femme en ses discours qui sait dissimuler,
Qui sait à son désir ou se taire ou parler,
Est semblable au ruisseau qui, n'ayant point de pente,
Perd dans de noirs rochers son onde transparente.
Pourquoi cacher, d'un voile obscur et ténébreux,
Les bienfaits que sur nous ont répandus les dieux?
Ces discours ambigus remplis de modestie,
Insultent la nature et son œuvre infinie :
Tous ces cœurs corrompus, pour un mot vont rougir
Et froids au déshonneur ils savent le souffrir :
La parole n'est rien, le lâche paraît brave,
Nul semble indépendant plus que le vil esclave :
Le courageux Nestor tremblait au bruit des vents,
Virgile en ses écrits bravait les éléments.
Jugez les actions, mais non point les paroles!
Les mots ne sont jamais que des choses frivoles.
Frédégonde, Andouare ont voulu vous charmer,
Pour connaître leur cœur venez les éprouver;

Appelez des amants le cortége volage,
Et vous saurez alors distinguer la plus sage.
A ce discours sensé le monarque se rend,
Auprès de ces beautés il envoie un amant:
Andouare aussitôt le repousse et l'accable,
L'austère Frédégonde est à l'instant coupable.
Le vieillard dit alors, au monarque étonné:
Roi! qu'aveugle le trône et ton front couronné,
De cette vérité reconnais la maxime:
La franchise est vertu, l'hypocrisie est crime.

XXXIV.

Qu'importe, dit l'amant, le sort de tous ces rois!
Ce n'est que de l'amour que je suivrai les lois :
Tes discours longs, pompeux, n'excitent dans mon ame
Rien que l'impatience et n'ôtent point ma flamme.

O toi, Rose jolie, objet de mes souhaits,
Laisse-moi posséder un seul de tes bienfaits!
Tu veux, triste Raison, qu'abandonnant ma belle
Je devienne, à l'Amour, ingrat ou bien rebelle.
Non, jamais! dût le ciel me suivre et m'écraser,
Dût s'ouvrir sous mes pas le plus ardent brasier,
Je braverai les Dieux, je braverai la terre,
J'avancerai sans crainte, et foulant la poussière,
J'irai, nouvel Ajax naufragé sur le port,
Ou cueillir cette rose, ou bien trouver la mort!
Voyant à mes côtés une femme jolie,
Qu'un léger souvenir rappelle mon amie,
Adieu, Raison, adieu, ton éclat est passé,
L'Amour peut dire seul : je règne, j'ai régné!
A ces mots dans les airs la déesse s'élance,
Son aile radieuse auprès du ciel l'avance;
La Folie apparaît, et conduisant l'Amour,
Ils couronnent de fleurs le char brillant du jour :

Des enfants de Vénus la jeune troupe ailée,
Poursuivent en secret l'innocence effrayée;
Telle la jeune Aurore, en son palais vermeil,
Ouvrant après la nuit ses portes au soleil,
Fait distinguer les fleurs, fait pomper la rosée,
Fait tomber de sa tige une rose effeuillée:
Tel apparaît l'Amour, son brandon enflammé
Répand sur l'univers une vive clarté;
Abrité par l'Amour le monde semblait naître,
Le bonheur en tous lieux ne faisait que paraître;
Près de toi, sexe aimable, habite le plaisir;
Mais vivre loin de toi, mieux vaut cent fois mourir!

FIN DU PREMIER VOLUME.

NOTES

SUR

LE PREMIER VOLUME.

CHAPITRE PREMIER.

PAGE 55, VERS 1.

C'est une erreur à vous de traiter de mensonge
Le bonheur que nous offre un délicieux songe ;

Dans le moyen âge, les songes étaient considérés comme un intermédiaire entre la divinité et l'humanité ; aussi nos pères étaient-ils extrêmement scrupuleux à remplir les obligations qui leur étaient imposées par un songe ; on a vu des braves chevaliers renoncer à la cuirasse, des courtisanes prendre l'habit religieux, des princes, après avoir défendu leur état pendant plusieurs années, le rendre à leurs ennemis, et ces subites métamorphoses étaient produites par l'effet d'un rêve.

PAGE 56, VERS 5.

. . . . . Voyez Macrobes même
Décrit la vision de ce maître suprême,

Macrobes fut un des littérateurs les plus célèbres du Bas-

Empire; il est malheureux que ces ouvrages ne soient lus que par les savants : son commentaire sur le songe de Scipion est écrit avec beaucoup de facilité ; ses observations sont on ne peut plus judicieuses; ses remarques critiques intitulées : *de Saturnalia*, sont très estimées des satyriques orientaux.

PAGE 56, VERS 7.

Encor dans le berceau l'ennemi des Romains
Qui conduit jusqu'à Rome un essaim d'Africains.

La partie historique est assez inexacte dans le Roman de la Rose; il nous a été impossible de traduire littéralement ce passage, nous devons rétablir ici les deux vers romans :

Ainçoys escript la vision
Qui advint au roy Cipion.

Guillaume de Lorris n'ignorait point que le mot de roi était en exécration chez les Romains, depuis la défaite des Tarquins, mais il l'a mis sans doute, dans l'intention d'être agréable au souverain français; on voit dans les anciens manuscrits, de grands développements sur ce passage, qui tendaient à prouver que Scipion avait été roi, et que ce n'étaient que les ennemis de la royauté et gloire de l'Africain, qui lui avaient donné le titre de sénateur de Rome.

CHAPITRE II.

PAG. 65, VERS 91.

> Malheur! cent fois malheur! aux êtres criminels
> Qui sur des morts français élèvent leurs autels.

Tous les poètes ont toujours parlé contre la guerre civile, et ceux du moyen âge, surtout, se sont déchaînés contre les souverains peuplicides, qu'on nous passe ce mot gaulois; ils ont encore été plus loin qu'au blâme, ils les ont flétris de l'opprobre et les ont menacés de la justice de la postérité; Guillaume de Lorris et Jean Clopinel, dans le Roman de la Rose, Blacas fils, dans l'Art de guerroyer, en 1300, Lucas de Grimaud, Pierre de Ruere, le vicomte Bertrand, le gentilhomme Rostaing Bérenger, dans leurs poésies provençales, enfin, ce qu'il y a de plus extraordinaire, Philippe IV, dit le Long, roi de France, s'est joint à tous ces précédents pour accabler d'injures et d'invectives, comme dit ce dernier, la mémoire des Néron, des Tibère et des autres *loups* couronnés.

PAGE 65, VERS 101.

> Ailleurs, c'est une femme et belle et séduisante, etc.

La traduction rapporte, mais n'étant appuyée sur aucun fait authentique, que ces dix figures avaient été suggérée à l'auteur par dix femmes qu'il n'aimait pas; ces portraits étaient si ressemblants que, dit-on, toute la cour les reconnut; ce fait est opposé au caractère de Guillaume de Lorris; il est bien facile de voir que ces figures ne sont pas épigrammatiques, mais seulement poétiques.

CHAPITRE III.

PAGE 74, VERS 15.

Je m'approche et je vois comment la dame Oiscuse,

Dans le siècle où fut écrit ce roman, l'usage était de nommer les personnages d'après leur caractère; ce vers-ci nous le prouve; plus loin le nom de Dangier donné au vieux gardien, rend bien l'expression de ce portier; voici la définition du mot Dangier, dans les vieux dictionnaires : « Dangier, protection, est mis pour crainte, « pour chagrin, traverses; c'est même ce qu'il signifie « le plus communément, il signifie résistance, diffi-« culté; mais assez souvent dans ce poète (Bordel Mon-« tanet) et les autres, Dangier est pris pour une per-« sonne fâcheuse qui trouble et traverse les amants dans « leurs amours » Guillaume de Lorris a personnifié cette définition, et son personnage appelé Dangier a le caractère de ce mot; il en est de même pour les autres acteurs, tels que Bel-Accueil, Mal-Bouche, la Franchise, la Pitié, etc.; tous les auteurs de cette époque ont suivi cette méthode; Rutebeuf dans un roman comique intitulé : *Meis Poesias*, nomme son principal personnage Sans-Cœur-Ouvert, parce qu'il est hypocrite; un autre poète appelle son héros Tremble-au-Vent, parce qu'il est lâche.

PAGE 75, VERS 25.

. . . . . Des cheveux couleur d'or,
Qui par l'art arrangés étaient plus beaux encor,

Dans le moyen âge, les cheveux couleur d'or étaient plus recherchés que de nos jours; pour qu'une damoiselle fût citée par sa beauté, il fallait qu'elle eût des cheveux roux et des yeux bleus ou gris; la belle Joconde, immortalisée par Léonard de Vinci, était ainsi; — Le mot de cheveux vient de chef, synonyme de tête et de commencement; la chevelure était une des marques distinctives de nos pères; voici un extrait de Saint-Ambroise : « La chevelure est honorable aux vieillards, vé« nérable sur la tête d'un prêtre, terrible sur celle d'un « gendarme, séante aux jouvenceaux, de bonne grâce « aux femmes, mignonne aux enfants. » —Jean Dant, Albigeois, qui était chauve, publia un écrit intitulé : Le Chauve où le Mépris des cheveux; il parla contre la chevelure; c'est sans doute cet écrit qui donna l'idée à

La Fontaine de composer sa fable du Renard à qui l'on a coupé la queue. — Tous les poètes romans ont écrit en faveur de la chevelure, qui était une des marques distinctives de la puissance; quand un roi ou un prince était rasé, il était deshonoré et incapable de régner; Pépin-le-Bref fit raser Clotaire III.

PAGE 77, VERS 61.

Je vois la cruauté, j'y contemple l'amour,

Le texte se sert du mot Buysart, et suivant Marot de Busart au lieu de cruauté : le Buysart est un oiseau connu sous le nom de Buse, il est extrêmement lâche ét impossible de l'apprivoiser ; cette figure, qui eût été déplacée dans la poésie moderne, est très jolie dans le roman; cet oiseau rend bien la cruauté et la *sauvagerie* du cœur, comme dit Louis de Boiheuf; les anciens avaient un proverbe ainsi conçu : On ne saurait faire d'un Buysart un épervier.

CHAPITRE IV.

PAGE 94, VERS 9.

L'énorme cocotier de ces larges rameaux
Ombrageait la prairie et tous ses fruits nouveaux.

Cette description est celle d'un pays de l'Afrique; tous

ces arbres cités sont inconnus en France; à l'époque où vivait Guillaume de Lorris, les poètes ne parlaient que des pays où les armes des Francs éprouvèrent tant de succès et tant de revers! Il est rare de trouver des pièces de poésie de ces siècles où il n'y ait quelques descriptions de la Palestine : on en trouve même qui sont capables d'émouvoir les cœurs les plus cosmopolites; ce dieult le veult! donna naissance à des ballades supérieures, pour la force et la magie du style, à Shakspeare, au Dante; c'est en les lisant qu'on peut connaître l'âme de nos pères : ils étaient aussi grands dans leurs pensées d'amour de la patrie que dans l'architecture de leurs temples.

CHAPITRE V.

PAGE 97, VERS 1.

Narcisse jeune berger,

Dans presque tous les ouvrages romans, l'on rencontre des traits tirés de la Mythologie; en effet, cette religion si gaie, si poétique, devait faire un contraste bien remarquable avec l'esprit de nos ancêtres qui, assombris par la religion et par les mœurs d'alors, ne voyaient tout qu'au travers d'une gaze noire et à peine transparente.

CHAPITRE X.

PAGE 117, VERS 37.

> Amitié don des Dieux, vertu de nos villages,
> Pourquoi donc as-tu fui la cour et ses rivages?

Voltaire, dans une de ses épitres, a imité ce passage du texte original, il a dit :

> L'amitié que les rois, ces illustres ingrats,
> Ont le malheur affreux de ne connaître pas.

Nous ne rapporterons pas toutes les réminiscences des auteurs modernes, ou du moins postérieurs au Roman de la Rose, tous ont puisé dans cette source abondante; Boileau, Racine, nos célébrités contemporaines, quoique romantiques, n'ont pas dédaigné de faire des vols dans l'ouvrage qui inspira nos pères, qu'ils appellent perruques.

PAGE 119, VERS 70.

> Cette plaine sauvage en est tout parsemée!

Il y a dans le texte, ce courtil, dont nous avons fait courtille; ce mot, qui aujourd'hui est si populaire était jadis tout-à-fait aristocratique; voici ce qu'on trouve sur ce mot dans un ancien glossaire :

« Courtil, subst. mas., petit jardin de campagne qui

« n'est point enfermé de murailles; il signifie aussi une « petite cour. — On lit in Scaligerionis, lettera C, que « c'est faute d'entendre notre langue que nous écrivons « cour de parlement pour court, qui vient de curtis : « l'italien dit corté. Les parlements suivaient les rois « anciennement : on dressait un enclos qui s'appelait « Curtis, où le parlement s'assemblait, et le roi écrivait « de Curti nostrâ : ce qu'on appelle aujourd'hui cour, « s'exprimait en gaulois par le mot cort, courtil est le « diminutif de ce dernier mot, le roi allait en courtil, « lorsqu'il allait passer une petite revue. »

CHAPITRE XII.

PAGE 129, VERS 3.

Dangier. . . . .
. . . .
A mes yeux effrayés il montre un corps hideux;
Caché sous des lambeaux, qui, dégoûtants, affreux, etc.

Le lecteur reconnaîtra dans ce chapitre une réminiscence d'un de nos contemporains, dont on admire assez généralement l'originalité des pensées et des figures; ce personnage de Dangier est, comme on le voit, le type sur lequel a été copié le sonneur de cloches de Notre-

Dame, où, pour m'expliquer plus catégoriquement, le Quasimodo de M. Victor Hugo.

CHAPITRE XVI.

PAGE 243, VERS 31.

Fusses-tu satisfait si cet homme barbare,
Comme toi descendu des antres du Tartare,

J'ai été obligé de supprimer quelques vers qui rendaient ce passage trop long; entre autres demandes se trouvait celle-ci :

Quant oncques Amours hostellas,
Mauvais hoste en ton hostelas?

Hostelas est dérivé du verbe hosteller, qui signifiait loger quelqu'un; comme on le voit facilement, c'est de ce mot roman que viennent les mots hôte, hôtel et hôtellerie. Naguère, ces trois expressions avaient une toute autre signification que celle que nous leur donnons, hôtel ne se disait que des habitations des seigneurs souverains où des palais nationaux; quelquefois les poètes ont pris la licence d'appeler hôtel la demeure de leurs belles, Villon, dans sa ballade à sa chère mie, se sert de ce mot dans ce dernier sens.

CHAPITRE XVIII.

PAGE 153, VERS 3.

Et s'enfuirent au loin effrayés du brandon,

On trouve une dissertation on ne peut plus curieuse sur le brandon, par un moine de la Trappe; ce révérend père, qui écrivait sous saint Louis, a fait près de deux mille vers pour dire qu'il ne fallait pas confondre le brandon de l'amour, qui est un flambeau incombustible et qui s'alimente des pleurs des amants, avec le brandon qui n'est formé que de bois de sapin et de paille, et pour finir une espèce de poème digne de l'esprit d'un moine, il fait cette comparaison : Le brandon de l'amour est au brandon commun, ce que le doux messire le roi Louis IXe du nom est à un loup.

CHAPITRE XIX.

PAGE 159, VERS 59.

Telle la jeune Emma, l'ornement du hameau,

Cet épisode qui, je le crois, est poétique, a été supprimé dans les dernières éditions, il n'existe que dans quelques anciens manuscrits et dans un missel qui appartenait à un duc de Guise; cependant, à la manière forte et poétique de ce passage, il est facile de s'apercevoir que cet épisode est non seulement de Clopinel, mais encore un de ses jolis morceaux : cette suppression nous prouve que, dans tous les temps, il y a eu des détracteurs et des ennemis du bon goût.

PAGE 159, VERS 60.

Aimait bien tendrement un jeune damoiseau :

L'on entendait par damoiseau, la haute noblesse, Philippes Mouskes dit dans un rapport qu'il fait à saint Louis, en parlant de ce roi : Messire sire, le damoisel Louis neuvième du nom, comte de Flandre, etc. ; cependant ce titre n'appartenait qu'aux gentilshommes qui n'étaient pas roturiers et qui n'étaient pas encore chevaliers; ce nom se donnait encore aux hommes galants, aux poëtes, anx troubadours; Jean Clopinel était un damoiseau.—Dans les premiers temps du moyen âge, l'on disait damoisel, parce qu'on ne connaissait pas encore les mots en au, tous étaient en al où en el.

PAGE 160, VERS 77.

En roi, fermier, abbesse on les voit déguisées.

L'on pourrait peut-être croire que ce vers, à cause du mot abbesse, ne fait point partie du texte roman; au contraire, j'ai supprimé un assez long monologue, qui eût été fastidieux, dans lequel le moine Clopinel, attaque avec tous les arguments possibles les abus qui règnent dans les cloîtres; il compare les carmes déchaussés aux chiens de chasse de la royauté, les béguines aux levrettes, en un mot, il combat avec les armes de la plaisanterie, avec autant de force et d'ardeur, les communautés qu'il met à écraser l'ignorance du peuple d'alors.

CHAPITRE XXI.

PAGE 169, VERS 30.

Dangier le châtelain, geôlier, cruel, terrible,

Le châtelain n'était pas, comme on l'a dit, le gouverneur du château, il n'était simplement que le capitaine, comme on peut le voir par ce passage, il était obligé de recevoir les rois lorsqu'ils voyageaient; au titre de châtelain, était attaché l'office de juge en première instance, dont les appellations étaient vidées par le royal bailli; où, en son absence, par un sergent ou lieutenant, lors qu'il se rendait aux grandes assises qui se tenaient tous les quarante jours. On pouvait être châtelain sans posséder un chastel, qui n'est pas comme plusieurs écrivains l'ont avancé, le diminutif de château; comme nous l'avons déjà dit, primitivement les mots terminés en eau étaient inconnus : le roi Philippe-le-Hardi a esté s'asseoir sous un chesne de son chastel de Vincennes, dit une chronique du temps : — Il ne faudrait pas confondre avec châtelain le mot chenin, dérivé de Caninus, qui veut dire lâche, laid, méchant, mauvais ; plusieurs écrivains modernes n'ont pas fait cette différence, et par là ont fait des contre-sens.

CHAPITRE XXII.

PAGE 174, VERS 45.

Eh bien ! enfants humains préparez donc vos fêtes ;
Pour déchirer mon cœur, dieux ! vos armes sont prêtes ! !

Cette pensée se rattache beaucoup de celle émise par Racine dans les remords d'Oreste ; l'auteur d'Andromaque a sans doute puisé dans le Roman de la Rose, où peut-être a-t-il eu la même pensée que Lorris.

PAGE 174, VERS 46.

Je vous brave sergents ! lâches ! fuyez, fuyez !

Qu'on n'aille pas croire que j'aie voulu faire une allusion par ce mot sergent, il existe dans le texte ; il paraît qu'ils étaient aussi craints que les sergents modernes, ils remplissaient presque les mêmes fonctions ; le mot sergent vient du latin servans, qui veut dire qui garde ; beaucoup de mots latins en devenant romans ont changé le *v* et l'*u* en *g* ; chez les Grecs, d'après Démosthène, les sergents, κλέτορ, étaient des espèces de gardes publics qui ne pouvaient que sommer les citoyens, mais il ne leur était pas permis de porter la main sur un grec; dans le moyen âge, les évêques envoyés par Louis-le-Bègue, comme ambassadeurs près la cour de Rome, prenaient le titre de sergents, mais peu à peu l'expression a dégénéré et ne se disait plus, sous François Ier, que des varlets ou des petits roturiers chargés de veiller les monuments nationaux. — Le mot sergent, grade militaire, descend également du grec, mais il a une toute autre étymologie.

PAGE 174, VERS 53.

Cy endroit trépassa Guillaume
De Lorris et n'en fut plus psaume;

J'âi rapporté ce passage du texte, pour faire remarquer l'endroit où mourut de Lorris, il a composé 4,150 vers, le reste est de Clopinel; j'ai cru devoir faire cette séparation pour obvier à la différence qui existe dans le style et dans les pensées qui suivent.

CHAPITRE XXIII.

PAGE 181, VERS 61.

Déjà la jeune Ermance encor dans le berceau,

Cet épisode ne se trouve point dans les dernières éditions de Clément Marot, cependant il est remarquable par la poésie et par la précision des pensées.

PAGE 183, VERS 97.

L'amour qui les guidait s'envole en triomphant,

Il y a dans le texte :

Ganélon advint à Marsille,

Ganélon était un traître qui, ayant la confiance de Charles-Magne, vendit l'armée des Francs à Marsille, roi des Sarrasins; il fut cause de la fameuse défaite de Roncevaux; Charlemagne, le fit conduire à pas lents du lieu de la bataille à Aix-la-Chapelle, après l'avoir fait envelopper dans un voile jaune, il fut battu de verges, ensuite écartelé. — Les chevaliers étaient si scrupuleux sur l'honneur, que même les parents et amis du félon exigèrent sa punition, et allèrent, jusqu'à forcer les troubabours à *substentifier*, comme dit une ancienne chronique, le nom de Ganéloon pour signifier un traître, un infâme; c'est pourquoi Clopinel, pour dire l'amour brigand, se sert du nouveau substantif. — Ne devrait-on pas aujourd'hui ajouter cette punition aux capitulaires de Charlemagne, peut-être cet usage diminuera-t-il le nombre des traîtres !

PAGE 187, VERS 171.

Le bonheur de la vie existe dans cet or,
Une furie est belle ayant un beau trésor :

Cette pensée si philosophique a été répétée par tous nos auteurs les plus célèbres ; le classique ſrançais a dit :

L'argent ! l'argent, dit-on, sans lui tout est stérile,
La vertu sans l'argent n'est qu'un meuble inutile.

Molière dans une de ses pièces les plus spirituelles, fait dire à Chrysalide :

L'argent donne aux plus laids certain charme pour plaire,
Ma foi, sans lui le reste est une triste affaire.

CHAPITRE XXIV.

PAGE 190, VERS 19.

Tu verras à tes pieds tous ces vils courtisans
Qui te diront toujours être tes partisans ;

Le texte rend le mot courtisan par celui de jongleur, qui vient de *joculator* ; dans le moyen âge les poètes étaient appelés jongleurs, parce qu'ils remplissaient à peu près les fonctions connues depuis sous le titre de fou et puis de bouffon des princes ; ils suivaient les seigneurs et les amusaient par des quolibets, des facéties et même par des tours de gobelets. Bientôt, dit Borel, lorsque les comtes de Provence reçurent plusieurs jongleurs, entre autres un qui avait beaucoup d'esprit, ils ne voulurent plus qu'ils s'appelassent baladins, c'est alors qu'ils prirent le nom de troubadours ou de trouvères, mots qui signifiaient chanteurs ; ils allaient chantant des rapsodies qui voulurent dire, non pas mauvais ramas mais morceaux détachés d'un poème : c'est le changement de signification du mot rapsodies qui voulaient dire, non pas mauvais ramas, mais morceaux détachés d'un poème : c'est le changement de signification du mot rapsodies qui fait croire à plusieurs personnes que les rapsodies d'Homère sont un ramas de pièces décousues et liées ensemble : pendant les croisades, les troubadours abandonnèrent le nom de trouvères, et se déclarèrent indépendants; se mirent à célébrer les miracles et les faits extraordinaires arrivés en Palestine; le peuple avide de chanter aussi tous ces prodiges, acheta les manuscrits et avec ce commerce, ils amusèrent assez pour se déclarer libres et poètes; c'est de là que date notre littérature.

PAGE 193, VERS 58.

Admire ce ribault qui sous le poids courbé
De la grève à Paris arrive tout chargé.

Ribault fut, à ce qu'on pourrait croire, le nom d'une compagnie de gendarmes qui formait la garde de Philippe-Auguste, voilà du moins ce que nous apprend dans sa Philippide, Guillaume-le-Breton. —Les soldats de cette compagnie prirent le nom de ribault et le titre de roi fut décerné au capitaine, comme chef; bientôt, vers 1400, dans un massacre qui eut lieu contre les juifs, la fureur que mirent ces bourreaux à massacrer des malheureux sans défense, exaspéra la population et le nom de ribault fut donné à cette classe que nous appelons crapuleuse ; ce mot passa dans le langage, et l'on fit ribaudaille pour signifier canaille, et ribler pour filou, expression dont se sert encore la basse classe ; ce mot devint bientôt argot, fut l'ornement des tavernes et les filles publiques furent distinguées sous le nom de ribauldes ; l'an 1415, un édit du prévôt de Paris, ordonnait que les ribauldes prendraient un costume particulier ; le 6 mars 1419, une autre ordonnance fut encore sans effet ; enfin l'an 1445, Charles VI fit insérer dans le Journal de Paris, un édit ainsi conçu : « Les ribauldes ne porteraient plus de sainctures d'argent, ne « de collets, ne de robbes à collets renversez, ne queue, « ne boutonnière à leur chaperon, ne pennes de gris en « leurs robbes, ne de menu vert : et qu'elles allassent demeurer es-Bordeaux (1) ordonnez, comme elles étaient « au temps passez. » Ces femmes repoussées de Paris sous saint Louis, sous Philippe-le-Hardi, se retirent enfin hors les murs, établirent des maisons, reçurent les malfaiteurs et transformèrent leur bordelle, expression décente à cette époque, en cour des miracles ; ces sociétés

(1) Petite maison située sur les bords de la Seine, où se réunissaient tous les Mal-Contens et les Mauvais Garçons.

argottes eurent bientôt une force capable de résister aux armées royales ; pour trouver un détail exact de ces brigandages , lisez un des chapitres de Notre-Dame de Paris de M. Victor-Hugo. — Du temps de Clopinel on entendait par ribault les commissionnaires qui débarquaient les marchandises qui arrivaient par bateaux. — Il y avait aussi des justiciers du roi qui prenaient également le nom de ribault parce que tous les ans à la Saint-Médard, les filles publiques étaient obligées de faire le lit de ces fonctionnaires.

PAGE 195 , VERS 103.

Tel qu'un duc souverain il parie au tournois.

Tournoy vient de tournoyer dont nous avons fait le verbe tourner. C'était une fête militaire pompeusement célébrée chez les Maures, qui avaient une grande agilité pour ces sortes d'exercice. — Le premier tournoy qui eut lieu en France fut en l'an 800, sous Charlemagne, pour la réception des ambassadeurs de la cour de Rome. — Ces cérémonies appelées par les seigneurs, nobles assemblées, n'avaient lieu qu'aux époques où les rois tenaient cour plénière, c'est-à-dire aux solennités de Pâques, de Noël, de la Chandeleur, de l'Assomption et de la Toussaint : elles prenaient le nom de *ludi militares* (image de la guerre) lorsqu'elles avaient lieu, par extraordinaire, pour la réception de quelques souverains, pour le mariage des princes ou pour leur naissance. — Pour être admis à combattre dans un tournoy, il fallait déposer au roi de la fête ses titres de fiefs et les certificats, enregistrés par le prévot de Paris et anciennement par le Maire du palais, qu'on a trois générations paternelles et trois maternelles de noblesse. — Le dernier qui eut lieu en France, fut celui dans lequel Henri II fut tué par Montgommery par un éclat de la lance de ce dernier.

PAGE 197, VERS 127.

A la cour de ces rois contemple ces varlets,

Voici textuellement ce que dit du mot varlet, un vieux glossaire : « Varlet, s. m. ce nom n'était pas comme « à présent, affecté aux domestiques, on le donnait aux « fils des rois ou d'empereurs. Au livre II, de Ville-« Hardouin, édition de 1583, on lit ces paroles : Et après « une autre quinzaine reviendront li messages d'Almai-« gne qui estoient al roy Phelippe et al valet de Constan-« tinople. Ce valet dont il est ici parlé, était fils de l'em-« pereur Isaac, qu'Alexis avait détrôné après lui avoir fait « crever les yeux.

« Il y a lieu de croire que les valets de nos jeux de « cartes doivent tenir un rang plus considérable que celui « qu'on leur assigne, puisque les noms qu'on leur a don-« nés prouvent assez que c'étaient ceux des plus fameux « héros de la Grèce et de la monarchie française; tels sont « les noms d'Hector, d'Ogier-le-Danois et de la Hire : le

« premier était le fils du roi Priam; l'autre connu par le « roman qui porte son nom, et par ses démêlés avec « Charles-magne; et le dernier etait ce brave Jean de « Vignolles, dit la Hire, un des grands capitaines de Char- « les VII. On croit même que le jeu de cartes fut inventé « par la Hire, dont le valet de cœur porte le nom, en 1392, « pour divertir le roi Charles VI. La haute noblesse est « représentée par les valets, l'état ecclésiastique par les « cœurs, les gens de guerre par les piques, la bourgeoi- « sie par les carreaux, les laboureurs et les gens de cam- « pagne par le trèfles; et l'on fit trouver dans ce jeu l'a- « brégé de toute la constitution d'un état; savoir, les « rois, les reines et les dames titrées, qu'on peut y avoir « ajoutés sous Anne de Bretagne, Charles VIII et Louis XII. « Voyez la note 227, de la Dissertation sur la noblesse « française, par de Boulainvilliers. » — « Dans la basse « latinité, varlet était nommé valectus : *valecti appella-* « *bantur Magnatum filii, qui nec dum militare cingulum* « *erunt consecuti.* — Les Picards disent encore varlet et » varleton; ce nom était donné au jeune enfant qui en- « trait dans l'adolescence. »

PAGE 197, VERS 128.

Qui la dague à la main précède tes harlets,

Harlet était un grade supérieur au varlet; celui-ci ouvrait la marche, tandis que les harlets marchaient à côté du souverain; la différence de ces deux corps était à peu près semblable à celle de l'avant-garde et de l'état-major.

CHAPITRE XXVI.

PAGE 210, VERS 19.

Oh ! combien voyons-nous en ces jours d'infamie,
De juges corrompus prêchant la calomnie !

Je dois prévenir, cette satyre étant trop forte, que je ne suis ici que le traducteur ; même ai-je supprimé les épithètes qui se trouvent dans le texte ; pour prouver aux honorables magistrats que cette opinion n'est pas la mienne, mais bien celle de Clopinel, je dois rapporter ici les vers romans :

Ne nul juge . . . .
. . . .
Puisque on se veult en eulx fier,
Et loyaulx estre et diligents,
Non pas lasches et négligents,
Ne convoiteux, faulx et faintiz
Pour faire droicture au plaintiz ;
Mais or vendent les jugemens,
Et bestournent les erremens.
Ils taillent et coupent et rayent,
Et les povres gens très tous payent ;

Tous s'efforcent de l'autruy prendre,
Ce juge fait les larrons pendre,
Qui de droist duestre estre pendu;
Se jugement lui fut rendu,
Des rapines et des tors fais,
Qu'il a par son povoir forfais.
Et Dieu en qui tout bien habonde,
Sçait que mains y a en ce monde,
Qui ont bien desservy la mort,
Du gibet qui ne leur fait tort.

Après avoir rapporté ce passage si dur envers les juges, nous devons ajouter que Clopinel n'a été ni poursuivi par eux, ni traduit devant les tribunaux. — Qu'on vienne nous dire que nous avons plus de liberté aujourd'hui que dans le 15me siècle!

PAGE 211, VERS 23.

Voyez cet Appius lâche autant que barbare,

Cet épisode, pris dans l'Histoire romaine, est exact et heureusement placé: Marot et tous les commentateurs du roman de la Rose font le plus grand éloge de ce passage historique si poétiquement intercalé qu'on croirait que ce trait ait été imaginé par Clopinel; c'est à ces beautés qu'on reconnaît les vrais poètes!

CHAPITRE XXVII.

PAGE 218, VERS 55.

Vois le sage Socrate, il brava la fortune,

Ce philosophe, à qui l'on a si justement décerné le titre de sage, était fils d'un tailleur de pierres, nommé Sophronisque, et de Sénocrate, sage-femme; il eut deux épouses Xantipe et Atyrthon, dont le caractère acariâtre n'a pas peu contribué à faire connaître la philosophie de l'époux : un jour, après que Xantipe eut, dans un excès de colère, apostrophé Socrate de toutes les invectives possibles, lui jeta un vase rempli d'eau à la tête; ses amis voyant son sang-froid, le lui reprochèrent : « Qui peut vous étonner, dit-il, après la tempête vient la pluie!

CHAPITRE XXIX.

PAGE 228, VERS 1.

Pour commander le monde un vil romain jadis, etc.

Tout ce chapitre est historique; les traits du Cirque, de Locuste, de la coupe préparée pour Britannicus, sont trop connus pour nous étendre davantage sur ces infamies.

CHAPITRE XXXII.

PAGE 244, VERS 7.

Pour qui veut la connaître il faut lire Attalus,

Jean de Meun prétend qu'Attalus, célèbre mathématicien qui vivait dans le 8e ou 9e siècle, était l'inventeur du jeu des échecs; cette assertion est plus que hasardée, car il paraît que ce jeu remonte à la plus haute antiquité : la fable prétend que Jupiter ayant enlevé une jeune nymphe nommée Sacchide, lui enseigna les échecs pour prix de ses faveurs; c'est d'après la mythologie, cette nymphe qui apprit ce jeu aux hommes. — Hiéronne Vida, dans son poème des échecs attribue l'invention à Neptune; dans une dissertation sur ce jeu, Sarrazin prétend qu'il fut imaginé par les Persans qui l'enseignèrent aux Mahométans. — Charlemagne jouait très bien aux échecs, son fils Louis-le-Débonnaire était également d'une très grande force : la forme de l'instrument était différente de celle de nos jours, puisque Charlot, second fils de Charlemagne, fendit la tête de Baudoin d'un coup d'échiquier. — En 1254, Saint Louis défendit, par un édit, ce jeu, comme demandant trop d'attention et susceptible d'éclairer les hommes.

PAGE 244, VERS 12.

Un jour Charles d'Anjou noyé dans la tristesse,

Ce passage-ci a été un peu recorrigé sur le texte, car

j'ai répugné de prodiguer, comme l'a fait Clopinel, des éloges sans nombre à un Charles d'Anjou. — Il paraît que, dans tous les temps, les tyrans ont eu des flatteurs prêts à chanter leurs défauts et à déifier leurs crimes.

PAGE 246, VERS 55.

Il dit aux courtisans : préparez donc les jeux,

Plusieurs chroniques anciennes prétendent que cet épisode du roman de la Rose est exact; c'est à une partie d'échecs que gagna Charles d'Anjou, qu'on est redevable de cette affreuse guerre où périrent tant de victimes, et qui illustra Corrandin, Mainfroi et autres, et qui finit par cette horrible tragédie des Vêpres Siciliennes.

PAGE 247, VERS 68.

Ils ont transnonisé dans ses jours de fureur,

Qu'on n'aille pas croire que j'aie voulu faire une allusion avec un événement moderne; je plains trop les victimes et ceux que la colère a portés à ces excès, pour jouer sur ce mot, qui se trouve dans le texte. Sous Philippe-Auguste, rapporte Borel, il y eut un massacre de Juifs, accusés d'avoir empoisonné les fontaines publiques: retirés hors les murs de Paris, ils se fixèrent près la forêt Ste-Opportune, dans la rue Transnonin, appelée alors rue des Hérétiques; poursuivis de nouveau, les malheureux fils d'Isaac ne purent échapper à une boucherie où l'on égorgea tant de victimes, que les chroniques anciennes, rapportent que pendant long-temps on ne pouvait approcher de ces lieux par la quantité de loups qui venaient dévorer les cadavres. — Après cet événement plusieurs jongleurs firent une plaisanterie intitulée : Les herrestiques transchere non nisère, c'est-à-dire, les hérétiques tranchés sans défense; la rue prit ce nom qui s'est conservé jusqu'en nos jours, ne formant plus qu'un seul mot de trois. — Dans le moyen âge, comme on le voit par ce passage du roman de la Rose, de ces trois mots on avait fait un verbe pour signifier massacre et encore mieux carnage ; le verbe transnoniser remplaça le verbe Charnevoriser, mot qui vieillissait déjà.

CHAPITRE XXXVII.

PAGE 261, VERS 1.

Les rois dans leur grandeur blasés de jouissance,

Cet épisode n'est pas du roman de la Rose, je l'ai puisé dans un vieil ouvrage ; je l'ai cru plus propre ici que l'exemple que donne Clopinel, pour prouver que les femmes qui feignent l'austérité sont moins vertueuses que celles pétulantes et légères. — Le Boiteux se sert d'expressions et de faits qui étaient tolérés dans le 14me siècle, mais qui aujourd'hui sont trop contraires à la décence et aux mœurs. — Alchymie vient d'un mot hébreu signifiant *en tous*, et du mot grec χῦμα, *effusion*, c'est-à-dire, de rien en tout.

FIN DES NOTES.

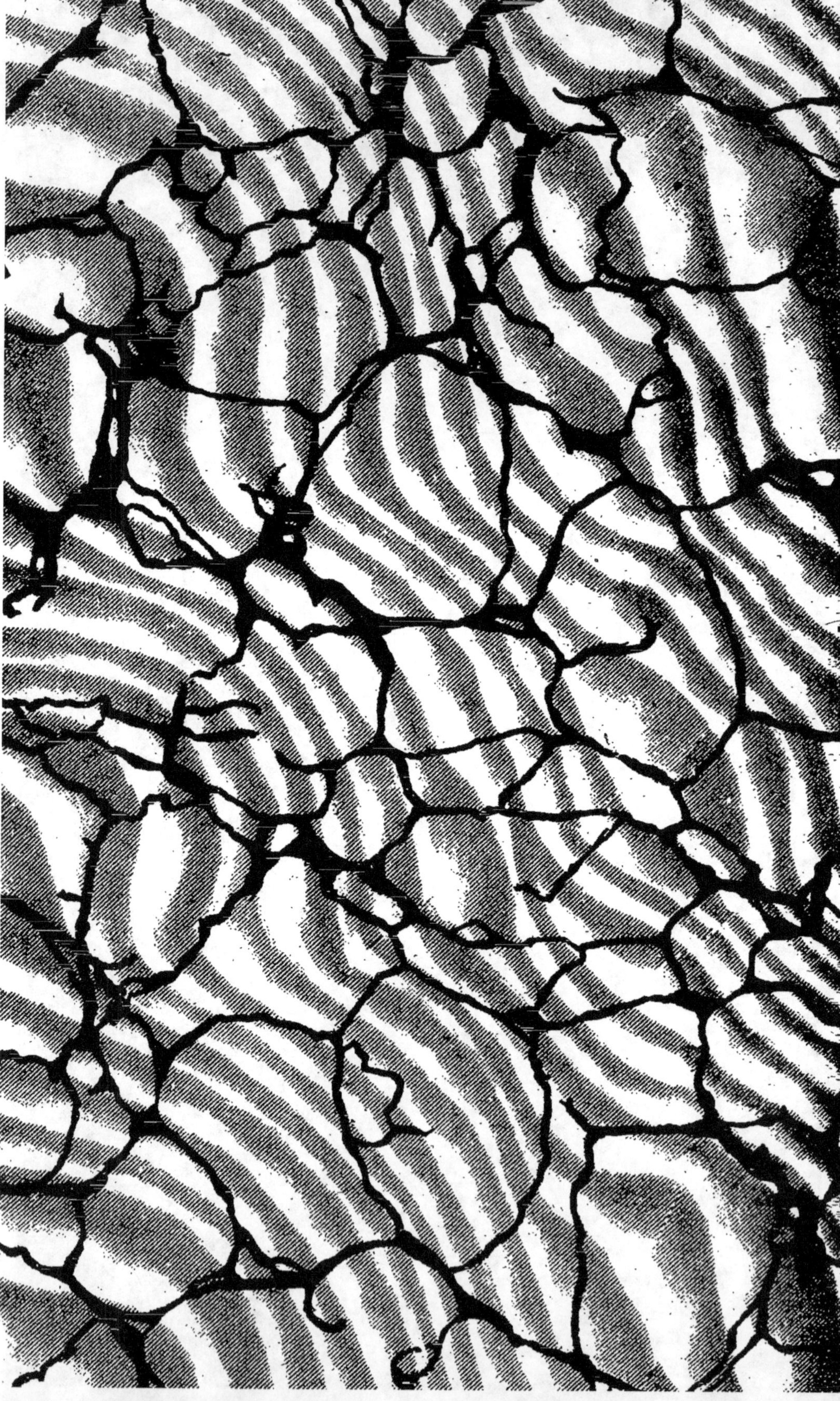

www.ingramcontent.com/pod-product-compliance
Lightning Source LLC
LaVergne TN
LVHW020616110826
845149LV00002B/492